Waar kun je dit handbook krijgen
(waaronder het volledige, gratis PDF):

www.ace5handbook.com
www.etcontacthub.com
Amazon

Opgedragen aan onze zonen en dochters
én alle kinderen over de gehele wereld.

Met medewerking van…

Het Calgary team, dat gedurende vele jaren heeft samengewerkt en bijgedragen heeft.

Onze dank gaat ook uit aan de volgende personen,

Mam, Jan, Mark, Rosemary, Graham, Jason, Randy, Jackie, Hudson, Edwin, Shelley, Gustavo, Corinne, Nick, Jerry, Steve, Stephan, Brigitte, John, Kathy, Marty, Duncan, Cliff, Brian in the Hat, and Josh!

Veel dank aan onze grote medewerkers, speciaal aan Mark Koprowski van CE-5 Tokyo.
Mark is een enthousiaste CE-5er en geweldige schrijver en editor, die niet alleen alles bewerkte en kopieerde, maar juist dezelfde visie deelde en erudiet vorm heeft gegeven met nieuwe passages die precies waren wat er gedeeld moest worden, evenals het helpen van de mijne.

Deb Warren, van OCSETI (Okanagan CSETI), onze vertrouwde en ervaren mentor, die een groot deel van haar leven heeft gewijd aan deze beweging en aan ons.

Onze dank gaat ook uit naar onze vertaler Linda, die haar tijd en aandacht heeft gegeven om deze informatie te delen met Nederlandse lezers.

Verder willen wij Rozemarijn Stevens bedanken, die we op UpWork hebben gevonden, voor haar professionele copywriting-skills en voor de energie die ze in het project heeft gestoken.

We zijn zo dankbaar voor alle hulp die we mochten ontvangen.

Een samenwerking met jullie allen heeft dit tot een genoegen gemaakt om dit te creëren.

INHOUDSOPGAVE

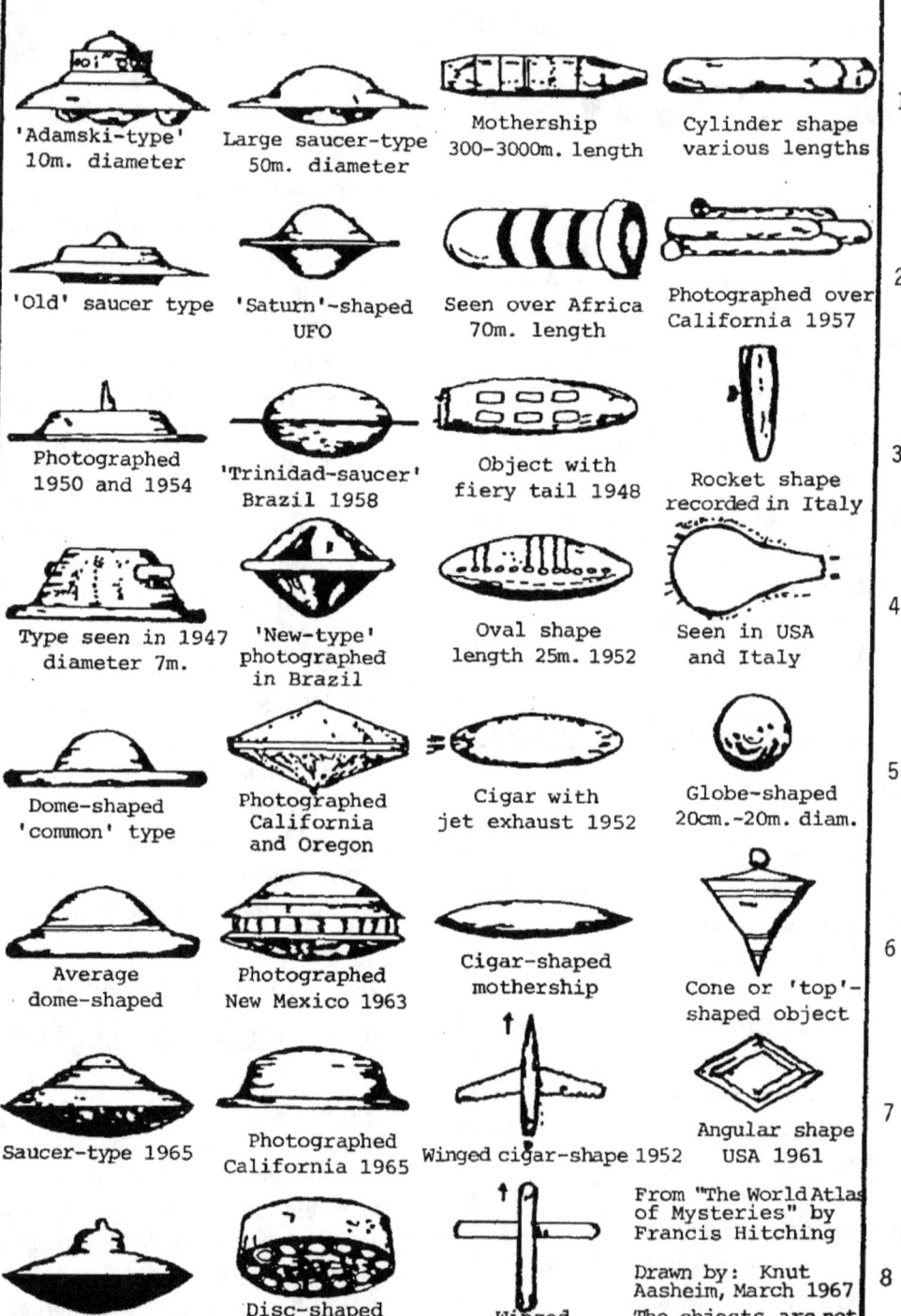

	A	B	C	D
1	'Adamski-type' 10m. diameter	Large saucer-type 50m. diameter	Mothership 300-3000m. length	Cylinder shape various lengths
2	'Old' saucer type	'Saturn'-shaped UFO	Seen over Africa 70m. length	Photographed over California 1957
3	Photographed 1950 and 1954	'Trinidad-saucer' Brazil 1958	Object with fiery tail 1948	Rocket shape recorded in Italy
4	Type seen in 1947 diameter 7m.	'New-type' photographed in Brazil	Oval shape length 25m. 1952	Seen in USA and Italy
5	Dome-shaped 'common' type	Photographed California and Oregon	Cigar with jet exhaust 1952	Globe-shaped 20cm.-20m. diam.
6	Average dome-shaped	Photographed New Mexico 1963	Cigar-shaped mothership	Cone or 'top'-shaped object
7	Saucer-type 1965	Photographed California 1965	Winged cigar-shape 1952	Angular shape USA 1961
8	Photographed in Korea	Disc-shaped 1950	Winged cylinder-shaped	From "The World Atlas of Mysteries" by Francis Hitching. Drawn by: Knut Aasheim, March 1967. The objects are not drawn to scale

DEEL 1:
INTRODUCTIE CE-5

WAT IS 'CE-5'?

'CE-5' is een acroniem voor: 'Close Encounters of the Fifth Kind'

Een 'Close Encounter' is een term uitgevonden door Dr. J. Allen Hynek, die tussen 1947 en 1969 Unidentified Flying Objects (UFO's) studeerde bij de Amerikaanse luchtmacht. Het originele Hynek Classificatiesysteem van Dichte Ontmoetingen had drie types, met andere onderzoekers die aan de lijst worden toegevoegd. Close Encounters kunnen grofweg worden verdeeld in twee groepen:

- De eerste vier soorten contact, CE-1, 2, 3 & 4, zijn allemaal waar een ontmoeting met een UFO of Buitenaards (ET) passief van aard is; het is per ongeluk of indirect, of waar de ET's initiëren van een ontmoeting. Als het gebeurt, is het vaak buiten onze controle.

- Een CE-5 aan de andere kant, is waar mensen actief contact initiëren, en waar we vreedzame bilaterale communicatie met ET's ondersteunen.

"Hoe ziet een CE-5 eruit??" Het kan eruit zien als veel dingen, maar meestal is een CE-5 waar een persoon, of meerdere mensen samenkomen om te mediteren en een boodschap uit te sturen naar onze ET vrienden. Met interne en externe berichten en daarna worden besproken. De CE-5's worden meestal gedaan in het veld onder de sterren om juist met meerdere ooggetuigen waarnemingen van UFO's mogelijk te maken.

Toen Hynek aan zijn studie van UFO's begon, was hij erg sceptisch. Maar toen hij het onderwerp bestudeerde, raakte hij ervan overtuigd dat niet alle UFO's konden worden verklaard. Tegen het einde van zijn jaren van onderzoek maakte hij deze gedurfde verklaring over Extra Terrestrial Intelligence (ETI) en Extradimensional Intelligence (EDI): "Er is voldoende bewijs om beide te verdedigen."

WELKOM BIJ CE-5 HANDBOEK!

Het is onze bedoeling om een eenvoudig te volgen en praktische gids aan te bieden, die je mee kunt nemen in het veld om contact te maken met onze Sterren Familie.

Waarom contact maken? Je zou verbaasd zijn om te horen dat het doel van de communicatie met Buitenaardsen niet alleen is van het krijgen van een visuele waarneming of proberen om de wereld te redden. Dit buitengewone dialoog gaat echt over de gave van de uitbreiding van je eigen bewustzijn.

In deze context is het zien om op deze manier of het benutten van vrije energie niet relevant!
Maar (!) als een vanzelfsprekendheid zullen deze resultaten zich natuurlijk manifesteren als een bijproduct van onze evolutie.

Ieder van jullie heeft zijn eigen unieke pad naar het vinden van "de grotere jij".
Je kunt hier kiezen uit de gegeven technieken én ze kunnen jou een vonk geven om je eigen inspiratie voor contact te creëren.

We hopen dat je geniet van het creëren van mooie, spannende én verheffende ervaringen met onze ET vrienden.

Bewustzijn Uitbreiding is leuk.

Veel plezier!

CE-5 GESCHIEDENIS

CE-5 contact protocollen werden mede-gemaakt door Dr Steven Greer en een aantal buitenaardsen in 1973. De wezens deelden met Greer het belang van het onderwijzen van dit protocol aan de mens, die hij begon te doen in alle ernst een paar decennia later. Menselijk geïnitieerd contact valt buiten het protocol dat hem werd bijgebracht. Enkele voorbeelden:

- Door de geschiedenis heen hebben sjamanen van inheemse culturen over de hele wereld een vloeiende verbinding met ET.

- Op 15 maart 1954 stuurde een groep "zoekers" een telepathische boodschap de ruimte in, waarbij de dag werd aangeduid als 'Wereld contactdag'. Ze hebben sindsdien vele sessies gehouden en schrijven een piek in UFO-waarnemingen op die dag toe aan het evenement.

- In de jaren '60, groepen hippies in de VS en het Verenigd Koninkrijk, verzonden naar en kregen berichten van ET.

- In 1974 begonnen Sixto Paz Wells en de Peruaanse groep "Rahma" met het verzenden en ontvangen van communicatie, waaronder het uitnodigen van de internationale pers om ufo-waarnemingen met meerdere getuigen te bevestigen en te rapporteren die van tevoren waren gepland.

Dr. Greer richtte in 1990 de groep CSETI (Center for the Study of Extraterrestrial Intelligence) op. Gedurende vele jaren, Dr Greer begon met het implementeren en onderwijzen van de contact protocollen via die groep, en door Kosta Makreas verenigde de organisatie in "The People's Disclosure Movement". De naam 'CE-5' heeft zich verspreid over de gehele wereld. Veel verschillende groepen maken contact, hetzij geïnspireerd door CE-5 of op hun eigen manier. Hoewel niemand precies weet hoeveel individuen of groepen regelmatig deelnemen aan CE-5 over de hele wereld, wordt geschat op in de duizenden ... en dat aantal blijft zeker groeien.

Het oorspronkelijke protocol omvat verbinding met een "geest bewustzijn" met remote viewing om vectoring, met andere woorden: het binnenhalen van ET te visualiseren naar jouw locatie om hen te laten zien waar je bent. Tonen die werden opgenomen op andere plaatsen van waarnemingen, bijvoorbeeld de graancirkels tonen, deze worden vaak gebruikt en gespeeld. Astronomie lasers en andere soorten van apparatuur worden ook gebruikt. Dr. Greer zou de eerste persoon zijn die verteld dat je CE-5 niet moet uitoefenen door zijn interpretatie en ontwerp te volgen. Het volgen van iemand anders aanwijzingen... heeft niets te maken met de vraag of je contact zal maken of niet. Je maakt contact als je er klaar voor bent, op je eigen manier. Het belangrijkste om uit dit document te halen is dat het beste protocol wordt ontdekt wanneer je jouw eigen richtlijnen volgt en er je eigen begeleiding van maakt.

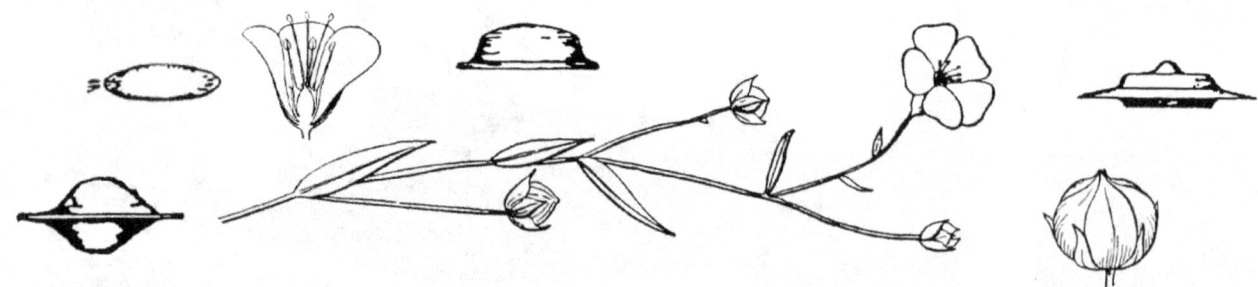

> *"Sixto en Kosta zijn bijzondere namen. Ik wil er meer over weten."*
> Zie "Wie is Wie" aan de achterkant van dit document van grote CE-5 namen.

"Met wie nemen we contact op?"
ET's? Hemelse Wezens? Geesten? Energieke entiteiten?

Oude paradigma's zouden kunnen aannemen dat we contact opnemen met fysieke aliens die vliegen in fysieke schepen. Dit kan waar zijn, sommige ET's kunnen fysieke wezens zijn in de manier waarop we 3D-realiteit begrijpen.

Echter nu kunnen we dat logischerwijs afleiden uit de waarnemingen, ervaringen en verschijnselen die in de geschiedenis van de ufologie zijn waargenomen, dat velen, zo niet alle ET's interdimensionale vermogens hebben. Ze kunnen geassocieerd worden met niet-fysieke wezens, of dit soms zelfs zijn. Hoe dan ook, we weten dat we contact opnemen met welwillende vredelievende wezens die voornamelijk geïnteresseerd zijn in de bewustzijns uitbreiding van de mensheid en het belangrijkste wat ze in onze dialoog brengen is liefde. Hoe weten we dat?, omdat onze interne en externe ervaringen allemaal positief zijn geweest en we geen waarnemingen "krijgen" tenzij we zelf uit een plaats van liefde komen.

"Wat als je het mis hebt?" Als we niet communiceren met welwillende vredelievende entiteiten van een ander soort?, is de enige verklaring voor onze ervaringen, dat we individueel, of als een groep mensen de mogelijkheid hebben om te manifesteren in een realiteit wat we willen of wat we mogen verwachten. Wat zou de betekenis van dit alles zijn, als dit het geval is? Dat we deze ongelooflijke resultaten niet kunnen manifesteren zonder liefde, en dat we gewoon ons potentieel uitzoeken, dat is net zo bijzonder.

ONS CALGARY CE-5 VERHAAL

In 2013 keek ik met een vriend naar de documentaire *Sirius*. We waren zo opgewonden dat we een CE-5 groep gingen vormen. Onze eerste keer was op een zomerdag met een heldere blauwe hemel. Een kleine hoopje van wolken dreef voorbij.. waar ik de groep op had gewezen: "Ziet dat er niet uit als het woord 'Hi'?" We lachten allemaal en gingen terug in onze meditatie. We hadden een foto moeten maken. Ik geloof nu pas dat dit een subtiel welkom was van onze sterren vrienden. Drie jaar lang hadden we interne ervaringen. Een individu kan soms abnormale verschijnselen tegenkomen. We waren gefrustreerd dat we niet meer getuigen hadden die het konden zien. Een keer gingen een paar van ons naar Mt. Shasta waar een retraite/event plaatsvond, gegeven door de onnavolgbare en prachtige Kosta Makreas. Wat een verbazingwekkende contact ervaring!
Eenmaal terug, wisten wij wel beter, waar en wat te zoeken boven in de lucht.

Sindsdien is het afgelopen jaar een prachtige vertoning geworden van de opeenvolgende waarnemingen:

- Veel 'vermeende meteorieten.' (Een belangrijkste anomalie van deze wordt de grote aantallen van hen, vooral gezien het feit dat onze nachten niet op meteorenregen wachten.)

- Veel 'vermeende satellieten'. Sommige van deze twinkelend, flitsend, en / of oplichtend.

- Afwijkende glinsterende kleuren in de Pleiaden sterrenhoop.

- Een licht helderder dan een planeet, die verscheen door een wolk. Toen de wolk verdween, was het licht verdwenen.

- Massa's flitslampen, en sets van flitslampen. (Kleine Flitsen van het licht als een camera flitser-verwijzen naar de woordenlijst voor andere nieuwe termen.) Twee keer zagen we meer dan 50 op een rij door de lucht.

- Vier zeer heldere laag vliegende lichten, laag genoeg om al te passeren en een wolk verlichten. (We keken naar hen alle vertragen tot een bijna stop aan de rand van de horizon.)

- Een grote bol die langzaam uit de lucht zweefde als een veer die op de grond viel.

- Een zeer helder licht dat bewoog, stopte, bewoog, stopte en weer opnieuw en dan weg flitste.

We zijn erg blij om te zien wat de volgende stap is. De voorgaande 3 jaren waren voor ons noodzakelijk. We hadden nog erg veel te doen voordat we echt klaar waren om "visuele waarnemingen" te hebben. Denk vooral niet, dat het zo lang zal duren voor je iets ziet! Sinds de laatste tijd zijn waarnemingen vaker en veel gemakkelijker én toegankelijk geweest. Nu hebben mensen die ons nu vinden, hun waarnemingen op hun eerste nacht in het veld. Als je de aanbevelingen in deze werkmap uitvoert, geloven wij dat je binnen zes uitjes in het veld een waarneming zult hebben.

Cielia en de Calgary CE-5 Groep

BELANGRIJKSTE SLEUTELELEMENTEN

Of je de originele CSETI protocollen volgt is aan jou.
Wat je ook doet, er zijn drie belangrijke elementen die nodig zijn om contact te maken:

1. Verbinding met een geestelijk bewustzijn

2. Een oprecht hart

3. Duidelijke intenties

1. VERBINDING MET ÉÉN GEEST BEWUSTZIJN

Je moet proberen de verbinding te maken met de Bron, zowel in je dagelijks leven als tijdens CE-5's.
Als je een groep leidt, leer je anderen aan om toegang te krijgen tot de staat van eenheid met alles wat dat is. Hier zijn enkele technieken om jezelf en anderen te leren hoe toegang te krijgen tot Universele Eenheid:

- Begin met het bewustzijn van je eigen bewustzijn en verspreid deze met het bewustzijn van alles en iedereen in je omgeving, denk aan het gras, de bomen, de anderen in uw groep, mensen in de buurt, mensen die rijden op de wegen en met alles wat bewustzijn te maken heeft. Laat je bewustzijn uitbreiden in de anderen en stel je voor wat ze zouden kunnen voelen en wat ze zouden voelen door hun leven.

- Maak jezelf los van je individuele bewustzijn. Zie jezelf vanuit het vogelperspectief. Wees het grotere bewustzijn buiten het individu. Let op jezelf van bovenaf. Noem jezelf: "Daar zit een persoon met zijn groep. Hij ziet eruit alsof hij plezier heeft!"

- Breid de grens uit van wie je bent zo ver en breed dat je hele lichaam het hele universum inkapselt. Jij bent het universum. Alle sterren, sterrenstelsels, nevels en planeten bestaan allemaal in je armen, benen, romp en hoofd. Visualiseer de activiteit van sterren die worden geboren en weer sterven. Het leven op andere planeten, de grootse bewegingen van zonnestelsels... ...en inclusief intergalactisch ruimteverkeer!

- Weet dat er niet zoiets bestaat als verleden en toekomst. Als alles NU is, gebeurt elk moment tegelijkertijd. Als reïncarnatie echt is, zou het dan het niet mogelijk zijn dat elke persoon die je ontmoet een versie van jezelf is, een leven in een ander leven? Stel je voor hoe het is om andere mensen in je groep te zijn. Stel je voor dat je naar ze kijkt, alsof je op dat moment in een spiegel kijkt.

- Visualiseer jezelf en dat je verbonden bent met iedereen. Verbinden van onzichtbare draden welke van hart tot hart gaat. Een koord bij je zonnevlecht.. Zie de uitbreiding van jezelf die verbinding maakt met alle andere levensvormen in een onderling verbonden netwerk van licht.

- Houd in gedachten dat in de wetenschap energie nooit sterft. Dat elke actie jou verbindt met de wereld en iedereen om je heen. Denk eens aan het vlindereffect.

- Vergeet niet, stel dat je niet bestond… dan kon niets van dit alles überhaupt bestaan. Echt waar! Je bent een integraal onderdeel van het geheel.

- Weet dat je deel uitmaakt van God / Bron / Kosmos / Universum / Alles wat is / Schepper. Wat zie je of voel je als je door je eigen ogen kijkt, wetende dat! Hoe zou het voelen om God of iets dergelijks te zijn en dan te kijken door je eigen ogen?

- Gewoon zijn wie je bent en word stil en laat alle gedachten die zich voordoen gewoon wegdrijven. Ademen… glijd in de leegte, waardeer en voel vooral de liefde.

Het is zeer nuttig voordat je aan de CE-5 beoefening gaat beginnen, om vooral om eerst verbinding te maken met het bewustzijn. Doe dit op regelmatige basis vooral om meer bedreven te worden in de toegang tot deze wereld. Als je deze technieken niet onder de knie krijgt, maak je er dan niet druk om. We kennen vast wel mensen die worstelen met meditaties en visualisaties, maar hun aardige, bescheiden en dankbare geesten verbinden hun met het één geest bewustzijn op een standvastige manier die misschien de tijdelijke en bewuste intentie overschaduwd.

2. EEN OPRECHT HART

*Benader dit
met een Liefdevolle Intentie*

Je hoeft niets te bewijzen

Wees Echt

3. DUIDELIJKE INTENTIES

Waarom doe je dit?

- Om je groei te vergemakkelijken
- Om genezingen toe te staan en te ontvangen
- Om de mensheid te verheffen
- Een diplomatiek initiatief
- Om jezelf te voeden / jezelf hoop te geven
- Om de gave van visuele waarnemingen te ontvangen
- Bevestiging dat we niet alleen zijn
- Bewijsstukken
- Een verzoek om kosmische interventie
- Bereid zijn en bereidheid tonen voor de volgende stap van contact
- Om sneller te gaan in de richting van vrije energie-apparaten en vrijheid voor de mensheid
- Om te helpen stabiliseren en harmonie te geven aan de aarde
- Actie ondernemen om een betere wereld voor onze kinderen te maken
- Om plezier te hebben!
- Enz…

Verhelder je intentie, zeker voordat je begint. Verduidelijk wat je initieert als je verder gaat. Het kan veranderen als jij het verandert, hetzij tijdens een CE-5 of door je dagelijks leven. Vooral als je meerdere intenties tegelijkertijd uitvoert.

Intenties tijdens een CE-5:
Als je gaat beginnen met een CE-5 groep, voordat je de opening gaat maken voor dat moment, ga dan eerst even de groep rond en vraag om ieder zijn unieke intentie te delen. Of vraag een ieder om een groep intentie uit te spreken waar iedereen het over eens kan zijn.

Tijdens het contactwerk kan je ook dingen toevoegen terwijl je verder gaat. Bijvoorbeeld, als je een waarneming van een vermeende satelliet denkt te hebben als een groep, kan je jouw gedachten en harten samen brengen en overgaan tot een verzoek het object te laten stoppen of het te laten veranderen van richting of vraag voor een power-up, of het object of vaartuig dichterbij te laten komen.
Als wolken in de weg staan, kan je samen een cloudbusting-activiteit proberen. Of je kan vragen aan de muggen om weg te gaan of voor de groep warmer te voelen. Misschien wil je een groepsgenezing doen voor iemand daar. Het plaatsen van een intentie die er als een groep versterkt de intentie exponentieel - om meer te leren over dit, verwijzen naar de wetenschappelijk gevalideerde studies gedaan over hoe TM (transcendente meditatie) stedelijke criminaliteit verminderd met maximaal 70%..

Wanneer je jouw veldwerk afsluit, zet, een aantal intenties voor de tijd na de CE-5, herinner elkaar om je ogen en andere zintuigen open te houden voor potentiële communicatie op de weg naar huis, in de droomstaat, en in de dagen die volgen.

"Wat is een Power-Up?"
Voor een definitie voor deze en andere onbekende termen, controleer de woordenlijst aan de achterkant.

ANDERE NUTTIGE ELEMENTEN

De eerste drie ingrediënten voor contact zijn basisprincipes die voortkomen uit de ervaring van Dr Greer. Hier zijn een aantal extra componenten om het contact dat afkomstig is van onze eigen knowhow te verhogen.

- Trillingen

- Samenhang en cohesie

- Geloof

GOEDE VIBRATIES

Als we accepteren dat de hele werkelijkheid werkt langs een trilling hiërarchie, met hogere en lagere energetische plaatsen, dimensies of bewustzijnstoestanden verspreid over een enorm continuüm, dan erkennen we dat ET's, opgestegen meesters, engelen wezens en andere dergelijke entiteiten een trillingsrijk bezetten dat hoger is dan onze beperkte 3D-materiële wereld. Als ze trillen in een hoger tempo dan wij mensen, bestaan zij buiten onze natuurlijke waaier van waarneming. In zekere zin zijn we blind voor het enorme deel van de kosmische wildernis. Maar we zitten niet helemaal vast. Het goede nieuws is dat we ook eeuwige multidimensionale wezens zijn. Als we erin slagen om onze eigen trillingsfrequentie te versnellen, te proberen onze eigen energetische trillingen te verheffen of te matchen met die van de ET's, hebben we een grotere kans om elkaar daadwerkelijk te zien en een echte en tastbare verbinding te maken. Lyssa Royal Holt noemt deze wenselijke staat 'de gemeenschappelijke grond'.

Hoe onze vibratie te verhogen

Tijdens een CE-5 kan je energetische frequentie op verschillende manieren worden verhoogd:

- Wees je bewust van je etherische lichaam, je hogere zelf, en alle aspecten van jezelf buiten de 3D.

- Wees speels. ET's zullen speels met je zijn, dus doe mee met het plezier.

- Houd de stemming van de CE-5 licht en gelukkig.

- Ontspan. Je ziet misschien wel of misschien niet iets bij de volgende CE-5, maar je zal wel een groei doorstaan. Waardering is de snelste manier om je vibratie te verhogen.

- Wees jezelf. Je bent omringd door wederzijdse geïnteresseerden, dus laat een beetje los.

- Laat je meevoeren in een theta hersengolf toestand tijdens de meditaties.

- Ter voorbereiding van een CE-5, ga eerst mediteren als groep of individueel.

- Herinner iedereen eraan dat we niet alleen fysieke wezens zijn, maar dat we eeuwige, spirituele wezens zijn met vele aspecten van het zelf. Hoe meer we ons bewustzijn uitbreiden, hoe meer we in staat zullen zijn om waar te nemen met universele zicht en ervaring meer verschijnselen.

- Verwacht dat het gebeurt. Je bent een oneindig eeuwig wezen en je zult contact hebben, vroeg of laat.

- Maar wees chill. Probeer niet teleurgesteld of ontmoedigd te zijn als er niets gebeurt vandaag. Geef de voorkeur aan de ervaring, maar heb het niet nodig.

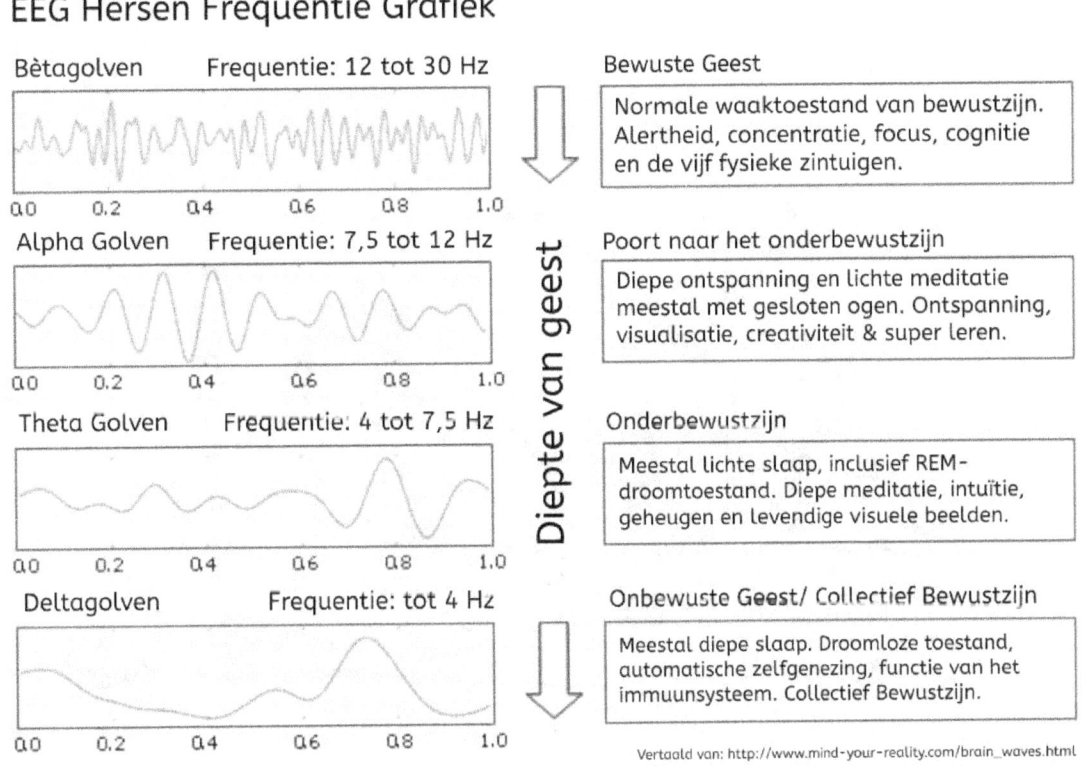

EEG Hersen Frequentie Grafiek

Bètagolven — Frequentie: 12 tot 30 Hz

Bewuste Geest
Normale waaktoestand van bewustzijn. Alertheid, concentratie, focus, cognitie en de vijf fysieke zintuigen.

Alpha Golven — Frequentie: 7,5 tot 12 Hz

Poort naar het onderbewustzijn
Diepe ontspanning en lichte meditatie meestal met gesloten ogen. Ontspanning, visualisatie, creativiteit & super leren.

Theta Golven — Frequentie: 4 tot 7,5 Hz

Onderbewustzijn
Meestal lichte slaap, inclusief REM-droomtoestand. Diepe meditatie, intuïtie, geheugen en levendige visuele beelden.

Deltagolven — Frequentie: tot 4 Hz

Onbewuste Geest/ Collectief Bewustzijn
Meestal diepe slaap. Droomloze toestand, automatische zelfgenezing, functie van het immuunsysteem. Collectief Bewustzijn.

Diepte van geest

Vertaald van: http://www.mind-your-reality.com/brain_waves.html

15

Het verhogen van je vibratie kan zo eenvoudig zijn als leven vanuit het hart:

"Kies liefde.

"In het leven hebben we de keuze tussen een gedachte aan liefde of een gedachte aan angst.

"Angst is de energie die contracten sluit, in trekt, loopt, verbergt, hamstert, schaadt.
Liefde is de energie die zich uitbreidt, opent, uitzendt, blijft, onthult, deelt, geneest.

"Angst wikkelt ons lichaam in kleding, de liefde stelt ons in staat om naakt te staan.
Angst klampt zich vast aan alles en grijpt alles wat we hebben, de liefde geeft alles wat we hebben weer weg.
Angst houdt je van dichtbij vast, de liefde laat los.
Angst knaagt, liefde kalmeert.
Angst tegenover de liefde zal helen.

"Elke menselijke gedachte, woord is gebaseerd op de ene of de andere emotie.
Je hebt hier geen keuze, want er is niets anders om uit te kiezen.
Maar je hebt vrije keuze over welke van deze te selecteren."

—*Gesprekken met God door Neale Donald Walsch*

Terwijl jullie je eigen vibratie en de vibratie van de groep verhogen, weet dan dat jullie de wereld en het universum beïnvloeden. Stel je voor dat dit gebeurt op die grote schaal, waar onze hersengolven de trillingen zijn die stralen van de planeet, het bereiken en verbinden met wezens van hoger bewustzijn.

"In een kamer vol snaar Instrumenten...
een sterke vibrerende snaar is alles wat
nodig is om alle anderen te laten trillen
in harmonie. U kunt dit
experiment op kleine schaal
proberen door twee gitaren te
nemen en ze in een kamer in de
buurt van elkaar te plaatsen.
Sla de snaar van een noot op
de ene gitaar en de andere zal
ook beginnen te trillen,
zonder te worden
aangeraakt!"

Bron Onbekend

GROEPSCOHERENTIE EN COHESIE

Om het niveau van het contact te ervaren met een groep zal vaak evenredig zijn aan de samenhang en samenhang van de teaminspanning.

<u>Coherentie</u> omvat gedeelde en gemeenschappelijke waarden, intentie en doelen.

Iedereen in de groep is in principe bezig op dezelfde golflengte als wat ET daar aan het doen is en waarom zij er zijn. ET's zullen ontvankelijker en capabeler zijn (op een trillings-, energetisch niveau) om te reageren en te interageren met groepen die verenigd zijn in hun intentie en boodschap, en die hun eigen frequentie kunnen verheffen door gezamenlijk een sterk gevoel van vrede, liefde, goede wil en vriendelijkheid te projecteren.
Laat deze goede vibes en intenties royaal uitmonden vanuit jullie groep doorvloeien de kosmos in. De ET's zullen in staat zijn om deze te horen en op deze en reageren.

<u>Cohesie</u> heeft te maken met een goed werkend team die vooral als eenheid functioneert.

Als jouw groep een goed gevoel van rust en orde heeft, werkt het maken van contact beter.
Indien er interne conflicten of spanningen zijn, kan de uitkomst van het contact niet werken.
Stel dat de ET's je team op afstand scannen en zij zien wat er aan de hand is, bijvoorbeeld als ze onenigheid voelen, negativiteit of een onaangename vibe, of een team dat werkt in een slordige, onhandige en onvoorbereide manier, kunnen ze terughoudend zijn om je te benaderen. In feite, vanuit een trilling perspectief, kunnen ze misschien niet eens in staat zijn om te naderen. Contactgroepen die goed samenwerken met hun team en binnen deze samenwerking, zo ook hun integriteit en wederzijds respect tonen, daarbij hun gevoel van liefde harmonie vrede en goede wil projecteren, zullen natuurlijk meer succes genieten. Probeer een team samen te stellen en koester dit zodat het effectief werkt net als één gelukkige familie. Dit kan tijd, geduld, en talrijke contact uitjes vergen, maar de diepere en meer bevredigende niveaus van contact zullen hier uit gaan voortvloeien.

Hoe de cohesie en samenhang te verbeteren:

- Geef voorlopige informatie voor nieuwkomers voor het veldwerk. Nieuwe mensen moeten weten wat ze kunnen verwachten. (Geef ze dit handboek!)

- Integreer nieuwe mensen met een oprecht gevoel van welkom en warmte.

- Als je een grote groep hebt, vraag iedereen om naamplaatjes te dragen.

- Je zou leuke activiteiten kunnen introduceren als nieuwe toevoegingen aan de groep.

- Wanneer je een CE-5 start, zet dan wat tijd opzij om bij elkaar te zijn voordat je ogen op de hemel plaatst (Makkelijker voordat het donker begint).

- Stel elkaar vragen, leer elkaar kennen en probeer net zoveel te luisteren als praten.

- Wees liefdevol en tolerant.

- Glimlachen en knuffels!

- Eet en drink vooraf samen voor het veldwerk of tussen de contact gebeurtenissen in als pauze. Gezamenlijke activiteiten als koken of eten hebben onze groepen echt geholpen.

- Accepteer ervaringen van andere mensen en de perceptie van realiteiten. Het maakt niet uit hoe gek ook.

- Probeer oprecht te zijn wanneer anderen een waarneming of een interessante ervaring hebben. Wees niet jaloers.

- Neem groepsfoto's (maar respecteer degenen die hun identiteit privé willen houden).

- Open en sluit het veldwerk terwijl je handen vasthoudt; verbind je energie met elkaar. (Houd het kort als het koud is of als er muggen zijn.)

- Als onderdeel van jouw contact evenement, afhankelijk van de locatie. Overweeg om samen wat lokale bezienswaardigheden te ondernemen als een groep. Voeg wat extra avonturen toe!

Deze jongens kijken naar "Utsuro-bune," een Japanse UFO.
Getuige 1803, tekening 1843

Teamwork en leiderschap

Teamwork is een zeer belangrijk onderdeel van cohesie. Het lijkt erop dat een toename van waarnemingen gecorreleerd is wanneer mensen het werk delen. Iedereen kan op de een of andere manier bijdragen. Een effectieve leider zijn die dit kan faciliteren is belangrijk! Ik moet toegeven dat ik leiderschap in het begin ontmoedigend vond. Het is een goede plek om te groeien.

Mark Koprowski van CE-5 Tokyo is een richtlijn leider waar ik aantekeningen van maak. Hij heeft aanzienlijk bijgedragen aan dit document en ik waardeer zijn jarenlange ervaring en wijsheid. Hier zijn enkele van zijn actiepunten voor teamwork en cohesie.

- Verdeel het werk en wijs teamrollen toe (bijv. veld site coördinator, fotograaf, videograaf, laserpointer, salie stok, wierook, geluidsrecorder, verrekijker, adviseur hemelse evenementensite beveiliging) en zorg ervoor dat iedereen weet wat ze doen, wanneer ze het doen en hoe het moet. Probeer iedereen het gevoel te geven dat ze deel uitmaken van het team door ze een rol of taak te geven, hoe klein ook. Zelfs als dat betekent dat je 10 fotografen hebt met niets meer dan een iPhone, prima. Je kan ook meerdere rollen aan één persoon toewijzen als je groep zich aan de kleine kant bevindt.
- Om een gevoel van eenheid en groepscohesie te behouden, zou er idealiter slechts één gesprek tegelijk mogen plaatsvinden tijdens het veldwerk. Als iemand iets heeft om bij te dragen, moet hij luid genoeg in zijn stem spreken voor iedereen om te horen. Behalve tijdens pauzes, vermijd privégesprekken indien mogelijk.
- Om de mannelijke en vrouwelijke energie in evenwicht te brengen, moeten mannelijke en vrouwelijke leden op een alternatieve manier in de contactcirkel zitten: man, vrouw, man, vrouw, enz.

Ik heb een meer laissez-faire leiderschapsstijl. Ik weet dat ik tijdens het werk te maken heb met assertiever zijn. Hier zijn de tips die ik onderweg heb verzameld:

- Houd grote praters voorzichtig onder controle en moedig kleine praters aan. (Zorg ervoor dat je niet een van de over praters bent! Extraverte leiders hebben vaak deze blinde vlek.)
- Houd de wil van de groep in de gaten en volg deze.
- Werk aan het verkrijgen van vertrouwen als leider en het doordrukken van onzekerheden.
- Vraag mensen waar ze heen willen, wat ze willen doen.
- Geef keuzes: soms zijn open vragen te open.
- Als iemand een suggestie doet, als het niet werkbaar is, neem het dan een andere keer op in de aandacht.
- Vraag of iemand een meditatie wil kiezen/leiden, apparatuur wil regelen, een meditatie belletje wil doen rinkelen etc.

Herinner de groep eraan dat teamwork deel uitmaakt van de cohesie die waarnemingen met zich meebrengt. Als ze verlegen zijn om deel te nemen, is dat oké, neem gewoon niet te veel zelf aan, vooral om te voorkomen dat het overweldigend of zelfs rancuneus wordt. Je hoeft geen perfecte meeting te houden met alle toeters en bellen oid. De groei en waarnemingen gebeuren met zeer eenvoudige manieren en zelfs zonder apparatuur. Als leider moet je ervoor zorgen dat je ervan geniet en met een hoge frequentie trilt, dus zolang je het met plezier aan kunt.

<u>Een tekst over drugs, alcohol en wapens</u>

Mark's perspectief:

"Het gebruik of bezit van alcohol, drugs of wapens in de context van CE-5 wordt over het algemeen ontmoedigd. Net zoals je geen drugs of wapens zou gebruiken of meenemen naar een diplomatieke bijeenkomst op hoog niveau in de VN, zou je ze niet nemen of gebruiken op een contact evenement met interstellaire gasten. Bij ambassadeurs van het universum moeten een duidelijk gevoel van decorum, goede manieren, respect en fundamentele professionaliteit allemaal in acht worden genomen als iemands beoogde doel het tot stand brengen van contact en communicatie is. Realiseer je dat ET's in staat zullen zijn om je groep op afstand te scannen en onmiddellijk weten als iemand bedwelmd of een 'hoog' potentieel gevaar of bedreiging is. Degenen die 'onder invloed' zijn, zullen van nature een bepaalde mate van zelfbeheersing verliezen - fysiek, mentaal, emotioneel – en met veiligheid in het achterhoofd, ben je er vrij zeker van dat de ET's niet zullen naderen, althans niet te nauw. En als het doel van contactwerk is om je verbazingwekkende buitenaardse ervaringen en avonturen te delen en bekend te maken aan vrienden, familie of het publiek, hoe geloofwaardig klink je dan als jij of anderen op dat moment dronken waren of struikelden? Als diplomaten van onze aarde, moeten we er alles aan doen om een positieve, gastvrije en veilige ruimte te creëren voor onze galactische bezoekers. Dit betekent het betreden van het veld volledig bewust, alert, nuchter en wapenvrij. En vanuit een puur trilling perspectief zullen drugs waarschijnlijk je energieveld en lagere frequentie verpesten, en dit kan je een doelwit maken voor negatieve of service-to-self entiteiten. Dat is een van de redenen waarom James Gilliland drugs van welke aard dan ook verbiedt op zijn ranch."

Ik ben het met Mark eens. We hebben nog nooit iemand aangetrokken tot onze groep die tijdens contact verdovende middelen gebruikt. (Voor zover ik weet!) Ik kan me niet voorstellen dat het nuttig is in spirituele of wetenschappelijke zaken. Misschien is er een uitzondering als je een stof op een heilige manier gebruikt, als medicijn, en/of als een sjamaan toezicht op je houdt.

In je eigen leven experimenteer je of bedwelmende middelen nuttig of belemmerend zijn bij het maken van contact of het uitbreiden van je bewustzijn. Als leider kies je of je het toestaat of niet. Wat wapens betreft, is Canada vrijwel wapenvrij, relatief, dus ik kan me niet eens voorstellen dat iemand er één naar een CE-5 brengt! Laat staan in Nederland.

GELOVEN = ZIEN

Een belangrijke barrière voor waarnemingen is onze afhankelijkheid van fysiek bewijs. Verschillende bronnen vertellen ons keer op keer dat we onze eigen realiteit creëren en dat onze innerlijke wereld moet transformeren voordat we externe resultaten zien. UFO waarnemingen zijn hier een perfect voorbeeld van. Voor het grootste deel is iemands geloofsniveau sterk gecorreleerd met hoeveel "bewijzen" een persoon krijgt. Het is een grappige levens paradox. Alles stroomt naar je toe als je het niet eens meer nodig hebt. Haha. Grappig toch?

Een geloof is gewoon een gedachte die je steeds weer hebt. Probeer deze:
- Het zou mogelijk kunnen zijn.
- De wereld/realiteit/ik is misschien veel meer dan wat ons geleerd is
- We evolueren en de toekomst is onbekend
- Anderen hebben UFO's gezien
- Ik zie misschien een UFO.

Je hoort misschien over de vreemde persoon die een grote waarneming heeft en die nog steeds erg sceptisch is. Hun rol als sceptische getuige heeft zijn eigen unieke doel in het openbaarmaking proces.

Een ander scenario is dat mensen soms worden geïnitieerd met een verbluffende ontmoeting die doelbewust is ontworpen om ze in deze richting te krijgen. Dat kan erg frustrerend zijn als ze niet klaar zijn om consequent communicatie te ontvangen. Ze moeten zich dan bij de rest van ons voegen terwijl we onze vibratie verhogen en het basiswerk doen om onze grip op de conventionele realiteit en onze beperkte ideeën over onszelf los te laten.

Als je sceptisch bent en hiermee experimenteert, wil je misschien een paar mensen bij je hebben die zo diep in geloof zijn dat je hun gezond verstand in twijfel trekt. Bevorder je relatie met hen: het zijn magneten voor waarnemingen. Blijf wetenschappelijk, maar mis het niet om deze vertederende en lieve mensen bij je te hebben. Bovendien is tolerant zijn voor verschillende paradigma's goed voor je groei. Terwijl je met hen omgaat, blijf je trouw aan je eigen paradigma en vertrouw je op je eigen oordeel.

"Ik zie hier gekke dingen. Moet ik geloven in chakra's, vortexen of kristallen? Ik wil geloven in UFO's, niet in New Age-dingen."
Natuurlijk hoef je geen mantra's te chanten om je bewustzijn uit te breiden of waarnemingen te hebben. Als je echter meer wetenschappelijk ingesteld bent, wees dan gewaarschuwd dat sommige van dit document niet voor je zullen resoneren. De CE-5 wereld heeft van nature een spiritueel thema. Neem wat voor jou werkt en gooi de rest weg. Onthoud, menselijk geïnitieerd ET-contact bestaat uit drie ingrediënten: 1. Verbinding met één geest bewustzijn, 2. een oprecht hart 3. duidelijke bedoeling.

> *"De dag dat ik stop met twijfelen is de dag dat ik gevaarlijk wordt."*
> —Neale Donald Walsch

Tip: Het delen van verhalen tijdens een CE-5 is een geweldig hulpmiddel om het geloof te versterken. Het plaatst je in de juiste headspace voor contact. Het spelen van graancirkeltonen vóór het evenement volgens het originele CE-5-protocol is ook nuttig en herinnert ons eraan dat er veel onverklaarbare verschijnselen zijn die door velen zijn waargenomen en voor studie opgenomen zijn. De tonen kun je vinden in de ET Contact Tool App of op YouTube (die je vervolgens kunt converteren naar mp3: https://ytmp3.com/).

UFO FORMATIONS	UFO MANEUVERS

ALIEN

LUBBOCK LIGHT

DEEL TWEE:

NAAKTE WAARHEID /

HOE GA JE AAN DE SLAG

SAMEN MET ANDEREN

Nu je weet welke ingrediënten nodig zijn voor contact, ben je klaar om aan de slag te gaan.

CE-5 kan alleen of in een groep. De groepsgrootte varieert sterk: de meeste mensen over de hele wereld die elkaar regelmatig ontmoeten, liggen meestal tussen de 1 en 10. We hebben 30 mensen op onze e-maillijst en krijgen meestal 7 tot 9 personen tegelijk. Als er een speciale gast is, een lezing bijvoorbeeld, kunnen er 30 of 40 mensen aan groepsgrootte verzamelen. Ik heb een CE-5-lezing bijgewoond die resulteerde in waarnemingen waarbij de groepsgrootte ongeveer 500 was. Dus, elk nummer zal het doen.

Er zijn veel enthousiaste mensen die graag met je in contact willen komen. Sommige mensen voelen zich echt geïsoleerd en kunnen niet wachten om je te ontmoeten en je alles te vertellen over hoe ze tot hun huidige wereldbeeld zijn gekomen. Het is geweldig om gelijkgestemden en hartgenoten te ontmoeten in een wereld die zo divers is als nu!

Sceptische mensen kunnen prachtige toevoegingen zijn. Een echte wetenschapper is sceptisch én ruimdenkend. Een sceptisch persoon is sceptisch over alles, zelfs over zijn of haar eigen realiteit. Hij of zij omarmt het wetenschappelijke proces en is bereid om andere voorbeelden weg te gooien als het nodig is.

Mensen waarvan je denkt dat ze in La la Land zijn, kunnen je gek maken. Accepteer dat het mogelijk is dat ze correct zijn en geef geen kritiek op iemands perspectief of overtuigingen. Zelfs als je er voor 99,9% zeker van bent dat ze de ultieme realiteit niet begrijpen, heeft een ieder toch recht op zijn eigen mening en realiteit.

Als iemand grote angsten voor ET heeft of hyper-sceptisch is, hebben ze wat werk te doen voordat je hem of haar op deze speciale uitstapjes met de groep laat maken. We hebben nog nooit iemand gehad die extreem resistent was tegen CE-5 om zich bij ons aan te sluiten. We hebben ontdekt dat een negatief geneigd persoon of twee, die een CE-5 bijwonen niet noodzakelijkerwijs interfereert met de rest van de groep die een goede ervaring heeft. Mensen zullen individuele waarnemingen of waarnemingen hebben die bedoeld zijn voor slechts een paar. Het is echter belangrijk dat de rest van de groepstrilling krachtig genoeg is om een paar negatieve vibes uit te schakelen. De beste die we hebben gehad waren als feestjes-zolang je meer "life of the party" types hebt dan "partypoopers" komt het wel goed. Als je als leider je eigen energie niet onder controle kan houden bij iemand die chagrijnig of oordelend is, dan moet je de negatronen uitschakelen totdat je je eigen negatieve energie kan negeren. Wees deze mensen dankbaar. Vaak willen mensen stiekem zo graag dat dit fenomeen echt is dat ze het niet kunnen riskeren om zich open te stellen. De verwachting van voor de gek gehouden worden of hun hoop laten vervliegen is angstaanjagend.

Probeer niemand uit te sluiten als je helpt. Als je heel graag geweldige waarnemingen wilt hebben met een zeer coherente kerngroep, maak er dan alleen een speciaal uitje van, maak uitnodigingen, zodat niemand zich uitgesloten voelt bij de maandelijkse meetings.

WAAR VIND JE MENSEN

EtLet'sTalk

- Ga naar http://www.etletstalk.com en klik op "Aanmelden"
- Klik op "Leden" aan de linkerkant en selecteer "Geavanceerd zoeken"
- Typ onder "Locatie" de naam van de stad en scrol vervolgens om "Filter" te selecteren
- Neem contact op met de mensen in uw stad of omgeving om contactgegevens samen te stellen

ET-netwerkkaart voor contactpersonen

- Ga naar http://www.etcontactnetwork.com
- Registreer om toegang te krijgen tot de kaart
- Klik op de kaart op elk symbool om namen en e-mailadressen te verzamelen

Facebook

- Zoek naar "CE-5" en <jouw plaats>, onze groep is bijvoorbeeld "CE-5 Calgary"

- Sluit je aan bij een wereldwijde CE5-groep, waarvan er verschillende zijn. Op deze Facebook-sites kun je een bericht schrijven op zoek naar mensen in je omgeving.
    - *Het CE-5-initiatief*
      https://www.facebook.com/groups/205824492783376/
    - *CE-5, UFO, SIRIUS:*
      ETLetsTalk.com https://www.facebook.com/groups/159337594256413/
    - *CE-5 Universal Global Mission*
      https://www.facebook.com/groups/1827858540868714/

- Start heel eenvoudig je eigen Facebookgroep! We hebben de privacy van onze groep ingesteld op "gesloten" zodat het grote publiek niet kan zien wat er wordt gepost. Vervolgens kunnen berichten alleen worden gezien door goedgekeurde groepsleden.

Meetup

Maak of vind een groep op http://meetup.com, wat een geweldige manier is om te netwerken. Nee, het is geen datingsite.

WhatsApp

CSETI India heeft een zeer feestelijke WhatsApp-chat aan de gang: +91 9874447669.

De analoge manier

Ga naar je lokale crystal/new age shop om met mensen te praten, een bericht op te zetten of een flyer achter te laten. Of kijk of iemand van de astronomie club geïnteresseerd is. Dr. J. Allen Hynek, astronoom en UFO-onderzoeker, ontdekte dat in een informele studie van zijn collega's ongeveer 10% van de astronomen iets aan de hemel heeft gezien dat ze niet kunnen verklaren, dat ze voor zichzelf houden uit angst voor spot. Misschien kun je wat van deze mensen vinden!

RETRAITES, EVENEMENTEN, MEETINGS

Naar een retraite gaan op een UFO-hotspot versterkte onze band als thuisgroep na onze terugkeer. Het was een vakantie waard om nieuwe vrienden te ontmoeten, je geest te verruimen, UFO's te zien en een nieuwe locatie te bezoeken! Locaties omvatten plaatsen zoals: Mt. Shasta in Noord-Californië, Joshua Tree in Zuid-Californië, Mt. Adams in de staat Washington, Japan, Nieuw-Zeeland.

- ET Let's Talk - ga naar http://etletstalk.com/ en klik op "Evenementen" om te zien of er aankomende retraites zijn.

- Sirius Disclosure - ga naar https://www.siriusdisclosure.com en meld je aan voor de e-maillijst.

- ECETI - ga naar http://www.eceti.org om een privé-uitnodiging aan te vragen van James Gilliland om "The Ranch" te bezoeken.

- Lyssa Royal Holt - ga naar http://www.lyssaroyal.net/-schedule.html om aankomende retraites te zien, jaarlijks is er een in Japan in de zomer.

- Rahma - ga naar http://www.sixtopazwells.com. Je hebt een basiskennis van het Spaans nodig.

- Rahma in LA - ga naar de Facebook-pagina "Mission Rahma" of vraag het via mond-tot-mondreclame in LA.

- Gene Ang - ga naar http://www.geneang.com/www.geneang.com/Events.html om evenementen te zien.

- CE-5 Aotearoa - ga naar https://www.ce5.nz om je aan te melden voor de e-maillijst.

- JCETI – ga naar http://www.jceti.org/ (voor Japanse sprekers) of http://www.ce5-japan.com (voor Engelstaligen) om aankomende evenementen te zien.

Als alternatief, in plaats van naar een officiële meeting / retraite te gaan, kom je in contact met groepen in het gebied waar je op vakantie bent en doe je mee aan een van hun aanstaande CE-5's.

https://clipartxtras.com/

EEN GROEP RUNNEN

Dit is misschien wel de spannendste tijd om te leven in de hele geschiedenis van de aarde. Welke rol kies je om te spelen?

Het kost niet veel tijd om regelmatig of maandelijkse meetings te houden. Eén nacht duurt 3 tot 6 uur. Iedereen e-mailen om ze uit te nodigen zou misschien een uur of twee per maand zijn, inclusief het reageren op individuele e-mails. Sommige opstarts vereisen hier en daar in het begin een paar uur: zoeken naar mensen om mee te doen, apparatuur kiezen als die er is en de juiste spullen te verzamelen en te vinden. Elke andere keer dat je investeert is optioneel en recreatief: boeken lezen, tijd maken om meer te mediteren, meetings te houden, nieuw apparatuur uitproberen, enz. Wanneer je aan het organiseren bent, kost dat gemakkelijk 5 tot 8 uur per maand. Dat is slechts 1% van je wakkere uren voor de maand.

In onze groep houden we het hele jaar door maandelijkse bijeenkomsten. In Canada hebben we een aantal koude winters, dus als het minus tien graden is, hebben we vuurkorven en doen we binnen meditaties om de groep coherentie te vergroten en onze zeer belangrijke interne groei voort te zetten. Ik verstuur e-mail uitnodigingen een week voor gebeurtenissen en na een gebeurtenis mail ik soms een rapport met een save-the-date kennisgeving voor de volgende gebeurtenis.

Je kan elke datum kiezen om met een CE-5-evenement mee te doen. De meeste mensen kiezen ervoor om hun CE-5-nachten af te stemmen op een van de twee wereldwijde netwerken:

- Sirius Disclosure - ga naar https://www.siriusdisclosure.com/ en scroll naar beneden om je aan te melden voor de nieuwsbrief die herinneringen zal verzenden. Ze zijn altijd de eerste zaterdag van de maand, gemakkelijk te onthouden en te plannen.

- ETLet'sTalk - ga naar https://etletstalk.com/ en ga naar Evenementen om te zien welke data eraan komen of kom op de e-maillijst door Kosta te e-mailen op kosta@etletstalk.com. Deze data zijn altijd de zaterdag het dichtst bij de nieuwe maan, om te profiteren van de donkere hemel. We stemmen onze maandelijkse meetings af op het ET Let's Talk-schema omdat we liever de lucht zo donker mogelijk hebben.

EEN LOCATIE KIEZEN

CE-5 kan binnen, in je achtertuin, in een park in de buurt of op een afgelegen locatie worden gedaan. We hebben interne en externe resultaten gehad op al deze locaties. Mensen in onze stad hebben gemeld dat er bollen uit hun achtertuin zweven, overdag UFO's boven het verkeer vliegen en een driekleurig licht ter grootte van een vrachtwagen die door stadswijken stuitert zien. Het maakt niet echt uit waar je CE-5 doet. Als je er klaar voor bent, komen ze naar je toe.

Dat gezegd hebbende, afgelegen locaties hebben de neiging om meer waarnemingen op te leveren. Voordelen zijn ook dat het donkerder is, de lucht prachtig is en je omringd bent door natuur en rust. Je bent verder weg van vliegroutes van mensen, voertuigen en geluiden. Je kunt daar gillen en schreeuwen wanneer je een UFO ziet. (Ik weet zeker dat ET graag ziet hoe enthousiast we worden!) Wanneer je op locatie bent, hou het in de gaten om uit de buurt te blijven van elektriciteitskabels, zendmasten of iets dat jouw elektrische apparatuur kan verstoren zodat ET-vaartuigen kunnen naderen.

Je wilt misschien ook even controleren of er leylijnen, draaikolken of heilige plekken in je omgeving zijn. We kunnen niet zeker weten of een locatie als deze bijdraagt aan een verschil van waarnemingen. Het kan zijn dat de energie en alle opwinding van het plannen en reizen bijdraagt aan een goede uitkomst. We hebben geluk dat er een groot Becker-Hagens rasterknooppunt in de buurt is, er zijn er niet veel op het land in Noord-Amerika. Op onze afgelegen CE-5 locatie hebben wat hele interessante fenomenen plaatsgevonden. Ook hebben we veel meer energetische lichten en lichtbollen op camera vastgelegd dan dat we op alle andere locaties hebben gedaan.

Flammarion, Unknown Artist, 1888

JOUW EERSTE CE-5

Dus je gaat alleen of je hebt een groep mensen gevonden, prachtig!

Hier is een korte samenvatting van hoe je het zou kunnen gaan. Onthoud, dit is slechts om je te gidsen. Als je weet wat je wilt doen, doe dat dan!

- Kies een datum en tijd.
- Maak een aparte CE-5 agenda van wat je gaat doen tijdens het CE-5 event.
- Stuur de uitnodigingen en vraag om een tegenbericht zo snel mogelijk.
- Herinner iedereen eraan om warme kleding en een slaapzak, stoel en zaklamp mee te nemen.
- Doe een paar dagen voor het evenement één tot drie meditatiesessies, hetzij in een groep fysiek samen of op afstand op gesynchroniseerde tijden. Meditatie kan ook individueel op elk moment worden gedaan als dit handiger is. Stel persoonlijke en groeps intenties daarin voor, zeker tijdens de CE-5 meditaties.
- Op de dag van de CE-5, ga je werkelijk ontmoeten op de locatie.
- Wanneer je aankomt, rangschik de stoelen naar een naar binnen gerichte cirkel, zeker als de lucht in alle richtingen helder is. Gebruik een halve cirkel als er één gebied is dat bewolkt is of een berg of bomen in de weg staan.
- Bekijk de agenda om te zien of iemand verzoeken, aanvullingen of wijzigingen heeft. Creëer deze ervaring samen terwijl je verder gaat, dit hoeft niet perfect te zijn!
- Maak een duidelijke intentie met de groep.
- Sluit je ogen tijdens de meditatie om echt in contact te komen met het "één geest bewustzijn".
- Zet je agenda voort en wijzig deze als deze noodzakelijk is. (Zie voorbeeld agenda's sectie voor ideeën.)
- Moedig mensen aan om zich uit te spreken als ze iets zien of ervaren, vaak zijn mensen verlegen om te zeggen dat ze iets hebben gezien omdat ze nauwelijks geloven dat ze het hebben gezien. Zeg mensen dat ze zich moeten uitspreken, zelfs als ze het niet zeker weten... in feite kan het zijn dat iemand anders hetzelfde heeft gezien of ervaren! Vervolgens kan de groep dat deel van de hemel bekijken om te zien of daar iets anders zal gebeuren.
- Blijf in contact met de energie van de groep en de sfeer. Vraag of iedereen warm en nog steeds betrokken is, en of hij/zij zich goed voelt en op zijn gemak.
- Houd een dankbare houding aan voor de ervaring en groei, zelfs als je er niet van bewust bent dat er iets is gebeurd of als je niks hebt gezien. Op basis van onze ervaringen geloven we dat er een ET is, zelfs als je ze niet kan waarnemen. Anticipeer op je groei en je wordt met spanning en opwinding opgewacht!
- Wanneer je de meeting afsluit, vergeet dan niet om deze bezoeken in droomtoestand te vragen en ook om groei en waarnemingen die kunnen gebeuren in de komende dagen, dat kan zelfs onderweg naar huis plaatsvinden.
- Na de CE-5, maak een rapportage en stuur deze naar de groep, en uploadt een rapportage naar een of meerdere netwerksites (Facebook, ETLet'sTalk).

We zijn van mening dat als je je trouw houdt aan de drie belangrijkste ingrediënten die eerder zijn vermeld (1. Verbinding met het één geest bewustzijn, 2. Een oprecht hard, 3. Duidelijke intenties) dat je een waarneming krijgt binnen zes veldwerk meetings.

Paklijst

- Stoel en deken

- Slaapzak

- Meditaties (Deze kunnen op een telefoon en spreker zijn, in een boek of dit handboek of je kan je eigen handboek maken en kiezen welke meditatie jij voor jullie meeting wil gebruiken)

- Zaklamp

- Laser (Indien toegestaan door de wet, en zorg ervoor dat je de laser Pointers sectie leest.)

- Handschoenen, petjes, winterjas, etc.

Voor langere of meer externe CE-5's, omvatten:

- Snacks, water

- Toiletpapier

ORIËNTATIE

Het leren kennen van je weg door de lucht helpt ons om elkaar te er op te wijzen waar we moeten kijken. In plaats van "Hé, daar is iets!" en met een onzichtbare vinger in het donker wijzen, kunnen we zeggen: "Kijk ten zuiden van de steel van de Grote Beer" of "Noord en 30 graden omhoog van de horizon." Dank aan onze anonieme helper voor deze elegante kennismaking met astronomie:

Wanneer je jouw veld locatie bereikt, oriënteer je met jouw groepsleden op de kardinale (kompas)richtingen, de basis meetsystemen en de locatie van sommige sterrenbeelden, sterren en planeten.

- Wijs noord, oost, zuid, west en Zenith aan, Zenith is het hoogste punt direct boven het midden van de cirkel en de groep. Wijs indien mogelijk een oriëntatiepunt toe aan elk persoon. Als er geen oriëntatiepunt bestaat, gebruik je één persoon in de cirkel.

- Schat de 'horizontale coördinaten' van de hemelse lichamen aan met behulp van een astronomie-systeem van 'hoogte en azimut." Azimut is een van de coördinaten uit het horizon coördinatenstelsel. Als bijvoorbeeld een ster zich precies in het oosten bevindt heeft het een azimut van 90g.

- Meet de hoek van de schijnbare hoogte (of gebogen hoogte) van een object op de hemelbol (de koepel van de hemel), ten opzichte van de waarnemer (jouw groep).

- 0° verwijst naar de horizon op een vlakke vlakte. 90° verwijst naar het zenit. Zo zou halverwege een vlakke horizon naar het zenit van de hemel 45° zijn. Een derde zou 30° zijn, tweederde zou 60° zijn, enz.

- Veel mensen vinden dat hun vuist op armlengte een ruimte van 10° kan benaderen, of de afstand van duim tot pink van gestrekte vingers ongeveer 20° kan zijn. Experimenteer met het toevoegen van deze schattingen van horizon tot zenit om te leren of deze je kunnen helpen. Of zoek gewoon de bekende hoogte van objecten op in een grafiek of app.

- 'Azimut' meet de kardinale richtingen (noord, oost, zuid en west) op een schaal van 0 tot 360 graden. Maar gewoon zeggen dat de Engelse richting (bijv. "noord-noordoost") zou moeten volstaan.

- Schat de helderheid van hemelse lichamen met behulp van astronomie systeem van 'schijnbare grootte. "

- De 'magnitude', of helderheid, van sterren werd voor het eerst gecatalogiseerd door oude Grieken op een schaal van één (voor de helderste) tot en met zes (voor de zwakste).

- In de negentiende eeuw formaliseerden moderne astronomen het systeem op een logaritmische schaal, breidden de schaal onder één en boven zes uit en stelden Vega in als zijn nulpunt (Vega is het grootste deel van het jaar een uitzonderlijk heldere ster zichtbaar op het noordelijk halfrond).

- Het woord "schijnbaar" werd toegevoegd omdat het tegen die tijd besefte dat helderheid meer afhangt van de afstand van een ster tot de aarde. Een afzonderlijke maat, "absolute magnitude" genoemd, beschrijft de helderheid van elke ster indien deze vanaf een standaardafstand wordt waargenomen.

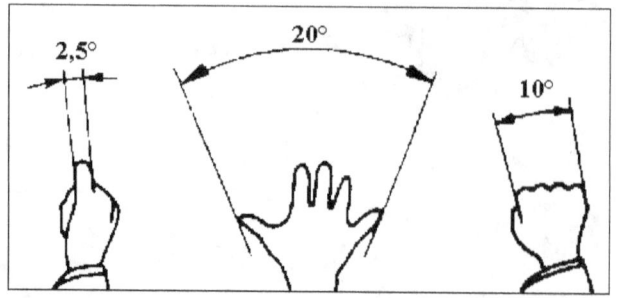

Voorbeelden van Schijnbare Magnitude

–5 Venus (max)

–3 Mars (max), Jupiter (max), Venus (min)

–2 Jupiter (min)

–1 Sirius

0 Arcturus, Capella, Procyon, Rigel, Saturnus, Vega, Mercurius (max)

1 Aldebaran, Altair, Antares, Betelgeuse, Deneb, Fomalhaut, Pollux, Regulus, Spica

2 Mars (min), Polaris

3 Het melkwegstelsel van Andromeda

4 Chi Orionis

5 Mu Cassiopeiae

6 Kwik (min)

Geef een korte rondleiding door de meest herkenbare sterrenbeelden, sterren en planeten. Als je niet bekend bent, raadpleeg dan een grafiek of app, bij voorkeur een nacht of twee van tevoren. Overweeg om je in te schrijven voor een wekelijkse sterrenkijk podcast of bezoek je lokale planetarium of astronomenclub. Http://www.skymaps.com biedt elke maand gratis downloadbare sterrenkaarten. Ze kunnen eenvoudig worden gedownload en gedistribueerd naar jouw contact-team. Het zal je misschien verbazen hoe vertrouwd de patronen van de hemel zullen worden.

Virgo, Una Scott, Copyright 2017

HET BIJHOUDEN VAN EEN LOGBOEK

Als je wilt kan je een logboek bijhouden of een samenvatting schrijven tijdens of na de gebeurtenis. Het menselijk geheugen is vrij zwak en je wilt misschien bevestigen wie wat precies heeft gezien voordat je geheugen vervaagt en / of verandert wat er is gebeurd. Het is ook leuk om trends in waarnemingen te zien naarmate ze toenemen. Als de tijd het toelaat, houden sommige groepen direct na de gebeurtenis (of de volgende dag) een debriefing sessie om het veldwerk te besprekenen te delen wat er is ervaren, terwijl alles nog vers in hun hoofd zit. Het is een goed idee om de meeting alvast op te nemen, zodat je later een samenvatting kan maken om in het logboek op te nemen.

We houden onze logboeken vrij casual. We schrijven enkele of alle van de volgende gegevens op:

- Datum
- Tijd
- Wie heeft wat gezien?
- Waar het was
- Beschrijving van wat het was

Soms registreren we gewoon de hoogtepunten. Als je elke vermeende satelliet of streaker registreert, word je daar misschien moe van als het een echt actieve nacht is. Aan de andere kant is het misschien geweldig om ze later allemaal op te tellen.

Als je papier gebruikt, gebruik een pen met een rood lampje aan het uiteinde, een handige on-opvallende lichtbron voor gebruik in het donker. ~$5 per stuk. Amazon.

Typ op je telefoon. Plaats een rood filter op je telefoon om nachtzicht te behouden. Volg voor een iPhone deze instructies: https://www.skyandtelescope.com/observing/stargazers-corner/red-light-filter-for-iphone/. Probeer voor een Android-telefoon de app 'Twilight'.

Een digitale spraakrecorder zou het ook doen. Olympus maakt een aantal kleine die populair zijn.

APPARATUUR

Stoel of een Deken & Kussen

Neem iets mee om op te zitten. Mijn favoriete stoel is een halfhoge opvouwbare strandstoel die achterover kan leunen, zodat je echt ontspannen en veel lucht kan zien. Ze zijn licht van gewicht en je kunt modellen vinden met rugzakriemen en compartimenten met ritssluiting voor apparatuur. Zo handig! Anderen in onze groep gebruiken stoelen zonder zwaartekracht, die nog comfortabeler zijn en heel lang meegaan, hoewel ze zwaar zijn. Een gewone gazon- of campingstoel werkt geweldig. Een deken werkt ook geweldig.

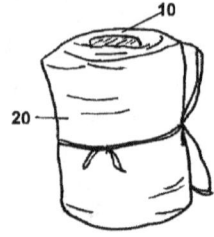

Slaapzak

Slaapzakken zijn zoveel warmer dan een deken. Zelfs op de heetste dag in de zomer kan de temperatuur dalen. Houd er rekening mee dat als je niet beweegt, het zoveel kouder is dan wat je normaal kan verdragen. We vinden het heerlijk om warm te worden in onze slaapzakken dat we in slaap kunnen vallen. Heerlijk in de buitenlucht onder de sterren..

Warme kleren

Draag je volledige winteruitrusting: zwaar gewicht, geïsoleerde bovenkleding zoals een warme donsjas, skibroek, lange warme leggings onder je broek. Apparaat-vriendelijke handschoenen / wanten, een toque, enz. (Een *toque* is een Canadees woord voor een gebreide winter hoed.)

Zaklamp

Het is erg handig om een koplamp te hebben. Gebruik anders een zaklamp of je telefoon om je te verplaatsen. Het gebruik van een rood lampje is aan te raden. Astronomen gebruiken rode lichten tijdens hun sterren feesten om hun natuurlijke nachtzicht te behouden.

Muggenspray

ET's lijken niet veel invloed te hebben op de muggen, wat een CE-5 kan ruïneren als je er geen gevoel voor humor over hebt. Vergeet niet om afstotend, natuurlijk of anderszins mee te nemen, en het komt goed met je.

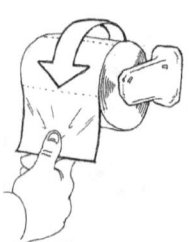

Toilet Papier

Toiletpapier voor wc-pauzes tijdens de CE-5's.

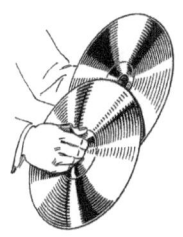

Instrumenten

Klankschalen, didgeridoos, meditatiebellen enz.

Heilige kristallen of stenen

Kristallen of andere persoonlijke voorwerpen van betekenis kan je op een middentafel in het midden van de cirkel plaatsen.

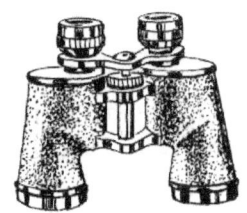

Verrekijker

Om vormen van UFO's te onderscheiden draag een licht paar verrekijkers of monteer een zwaarder paar op een statief. Een beeld stabiliserende (IS) verrekijker is ook geweldig om te hebben, maar kost meer.

Night Vision Verrekijker/Bril/Monoculars

Geen "must-have", maar wel op zowat ieders verlanglijstje. Hiermee zie je bollen en andere fenomenen. Een vriend van me die deze gebruikte, zag een gevleugeld wezen naar hem toe vliegen, waarna hij schreeuwde: "Ik zag net een f *#@ing fee!" (Decorum verdwaalt vaak in het veld wanneer iemands realiteit wordt opgeblazen.) De beste zijn van militaire kwaliteit, ook bekend als Gen 3. Vele duizenden dollars. Digitale andere merken zullen betaalbaarder zijn. Kies een nachtkijker die licht van gewicht is en overweeg het gemak van een nachtkijker dat met een band aan het hoofd kan worden bevestigd. Veel nachtzichtapparatuur hebben foto- en videomogelijkheden: zie het aankomende gedeelte over Night Vision-videocamera's voor specifieke aanbevelingen.

Apparaat en luidsprekers om meditaties / crop circle tonen / muziek te spelen

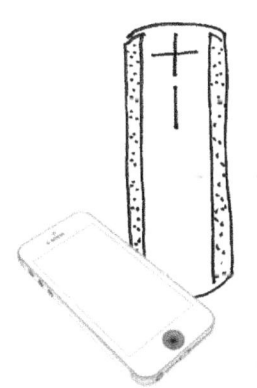

We gebruiken onze telefoons om geluidsbestanden af te spelen. Je kan ook een speciale muziekspeler gebruiken. Ik heb ook een speaker, de Boom 2, die fantastisch maar prijzig is. ($ 300) Ik zou zeggen dat het de moeite waard is om te krijgen. Het is een van mijn favoriete bezittingen. Voor meditaties, liedjes etc. Het is een eenvoudige manier om muziek te luisteren, zie op YouTube waar deze te vinden zijn. Kopieer de URL en ga vervolgens naar een website die een YouTube-naar-mp3-bestandsconversie kan maken, waarvan er veel zijn. Download de nieuw gemaakte mp3 in je computer-bibliotheek waar je deze vervolgens kan synchroniseren naar je telefoon.

GEBRUIK GEEN LASER

(Tenzij je deze pagina's heel, heel zorgvuldig leest...)

Laser pointers zijn nuttig en leuk, maar ze kunnen ook erg gevaarlijk zijn. Je moet heel voorzichtig zijn. Tijdelijke of permanente oogschade is een reëel gevaar. Je hebt drie opties:

1. Wijs slechts één of twee mensen toe die ervaren en uiterst voorzichtig zijn toegewezen aan het gebruik van krachtige lasers (meer dan 5mW). Deze optie wordt **nauwelijks** aanbevolen, zelfs een expert die de echte gevaren van laserpointers kent, kan een fout maken.

2. Sta het gebruik van krachtige lasers met de juiste brillen toe voor iedereen in jouw groep. (Het kan iemands vermogen om sterren / lichten in het donker te zien verminderen. We hebben het niet geprobeerd.) Vaak worden draagbare lasers geleverd met een veiligheidsbril, maar ze zullen te donker zijn. Zie hieronder.

3. De makkelijkste optie is om er een regel van te maken dat alle lasers onder de 5mW (milliwatt) moeten zijn en de bril te vergeten. Een laser die je kent is GEGARANDEERD 5 mW of minder en zorgt niet voor fysieke schade. Ja, deze laserpointers zijn aan de zwakkere kant en je zult niet de grootste hotdogger in het park zijn, maar ze zijn goed genoeg in donkere omstandigheden. Lees meer over de eventuele garantie:

KOOP ALLEEN bij verkopers die de gemeten optische output kunnen garanderen!!! Uit een studie uit 2013 is gebleken dat 90% van de laserpointers over gespecificeerd zijn. Maar ze kunnen ook makkelijk onderspecifieerd zijn. Goedkope laser pointers hebben geen stabiele voeding, dus ze kunnen niet betrouwbaar zijn dan ze worden getest. Je wil ook geen goedkope laser pointer omdat ze mogelijk geen infraroodfilter hebben, wat zonder al te technisch en ingewikkeld te worden veel riskanter zijn om dan rond reflecterende objecten in de nacht te gebruiken. Wat kleur betreft, ga voor groen (532nm). Deze golflengte is het beste voor het donker aangepaste oog en lijkt 35 keer helderder dan rode lasers van dezelfde sterkte.

Wijs NOOIT naar een vliegtuig of helikopter of iets dat je denkt dat een menselijk vaartuig zou kunnen zijn! Dit is een federaal misdrijf: een boete van 100.000 dollar en/of 5 jaar gevangenisstraf hier in Canada. In de VS riskeer je een boete van meer dan $ 250.000 en / of een gevangenisstraf van maximaal 25 jaar krijgen. Natuurlijk wil je de straf niet, maar wat je echt niet wilt is een piloot verblinden. Op dat punt, wanneer ufo's met een laseraanwijzer zijn aangewezen, teken je er een grote cirkel omheen (of wijs je naar de zijkant ervan). Wijs er niet direct naar, zelfs als je zeker weet dat het geen menselijk voertuig is. ET's hebben ook ogen wellicht.

Veiligheidsbril:

We hebben nog nooit een veiligheidsbril gebruikt, maar als je ze probeert, heb je een bril nodig die specifiek is voor de kleur en sterkte van de laserpointer en die voor nachtelijk gebruik is gemaakt. Deze pagina heeft een goede beoordeling van veiligheidsbrillen voor gebruik door vliegeniers (in tegenstelling tot laboranten):

http://www.laserpointersafety.com/laserglasses/laserglasses.html Opties op die pagina zijn: Laser-Gard van Sperian ($ 99 USD) en Flash Fighters ($ 239 USD).

Gerenommeerde verkopers voor Laser Pointers:

Zbolt   http://www.z-bolt.com/

- "Constant Aan / Uit Groene Laser Pointer" $ 48 USD, AAA batterijen, gegarandeerd tussen 4mW en 5mW.
- "Astronomy Green Laser" $58 USD, CR123A batterijen. (Dit zijn lithiumbatterijen, die beter werken in de kou dan alkalisch.) Gegarandeerd tussen 4mW en 5mW.

Laserglow   https://www.laserglow.com/

- "Anser Series" 5mW 532nm $39 USD, AAA batterijen, gegarandeerd tussen 3mW en 5mW. Als je in het opmerkingenformulier vraagt wanneer je het besteld, zorg er dan voor dat ze er een voor je kiezen tussen 4,5 mW en 5 mW.
- Ze hebben een veiligheidsbril en bevelen het Glareshield pilotenmodel aan voor gebruik 's nachts. "AGS5323PX" hier: https://www.laserglow.com/AGS.

Laserpunten http://www.laserpoints.com/

- "SKY 5mW 532nm Green Laser Pointer Pen" $39.99 USD, AAA batterijen. Wanneer je de bestelling plaatst, vraag hen om deze te testen tussen 4mW en 5mW en installeer een infraroodfilter.

Laser Klaslokaal http://store.laserclassroom.com/

- "Classroom Green Laser Pointer" $35 USD, AAAbatterijen. Ze zeggen dat ze garanderen dat het tussen de 3mW en 5mW zal zijn. C bevestig dit als je de bestelling doet.
- Deze site verkoopt ook een coole holografische projectors voor je mobiele telefoon voor slechts $ 15.

Veilig gebruik

Laten we nu eens kijken hoe handig het is om een laserpointer te gebruiken! Ze zijn super leuk.
- Laat de groep zien waar de kardinale punten zijn van noord, zuid, oost, west.
- Net als astronomen op een sterrenfeest, gebruik je het om hemellichamen, sterren, sterrenbeelden en planeten aan te wijzen.
- Laserpointers zijn goed voor het wijzen op anomalieën in de nachtelijke hemel, zoals waar een flashbulb net afging, kleine vermeende satellieten die moeilijk te zien zijn, enz.
- In het originele CSETI-protocol worden laserpointers gebruikt om de exact-locatie van de groep te signaleren: "WE ARE HERE!" Om dit te doen, schilder je een intelligent patroon in de nachtelijke hemel, zoals een driehoek, cirkel of oneindigheidssymbool. Of laat de laseraanwijzer ook één keer knipperen voor elk woord: Wij – Zijn – Hier. Doe dit aan het begin van het veldwerk en af en toe opnieuw. Je locatie laten zien aan ET is leuk, maar onnodig: ze weten waar je bent.
- Om een UFO te onderscheiden en weten dat je zeker weet dat het *niet* aards is (signaleer naar de zijkant om veilig te zijn). Gebruik een samenhangend, eenvoudig patroon (bijv. drie korte pulsen). Als je een retour signaal ontvangt, geef je het signaal terug. Gefeliciteerd, je hebt net een 'lock-on' bereikt met het schip! Je kan dan wijzen op de landingsplaats die je vooraf hebt geselecteerd waar je een vaartuig wilt laten landen, mocht je zoveel geluk hebben.
- Tip: Laserpointers die op triple A-batterijen werken, kunnen gekoeld worden. Verwarm de laserpointer in je hand om de prestaties te verbeteren.

APPS

Er zijn een aantal handige telefoon-apps voor iOS en Android die gemakkelijk ten goede kunnen komen aan jouw contactwerk. Sommige apps kunnen onder andere helpen om menselijke zaken/dingen in de lucht uit te sluiten. Als u probeer apps te vinden waarvoor geen internetverbinding nodig is, laat dan iedereen zijn telefoon overschakelen naar de vliegtuigmodus terwijl je in het veld bent, zodat als er elektronische apparaten worden gebruikt (meer over de onderstaande), er minder kans is op elektromagnetische interferentie. Er zijn veel versies van apps voor elke categorie hieronder. (Naarmate de technologie evolueert, zullen we ons best doen om er een paar aan te bevelen om je op weg te helpen. Als je iets beters vindt, laat het ons dan weten!) De meeste lijken de mogelijkheid te hebben om je het te laten testen om te zien of je het leuk vindt voordat je het koopt. Hoewel veel gratis zijn, moet je mogelijk een beetje geld betalen voor geavanceerdere apps of betalen om te upgraden. Bekijk de beoordelingen.

Satelliet Tracker

Find een satelliet tracker-app die de naam van de satelliet in real time weergeeft wanneer je ernaar wijst, waardoor identificatie eenvoudig is. Sommige satelliet-apps maken verbinding met een database, dus mogelijk heb je internettoegang nodig terwijl je in het veld bent; sommige niet. Houd er rekening mee dat militaire of spionagesatellieten waarschijnlijk niet zullen verschijnen. Bekijk ook: SkySafari 5 (iOS/Android), Sky Guide AR (iOS), Stellarium Mobile (iOS/Android)

Vliegtuig Tracker

Deze apps laten zien welke geregistreerde vliegtuigen bij je in de buurt vliegen, samen met hun vliegroute, herkomst, bestemming, vliegtuigtype en hoogte, enz. Maar om voor de hand liggende veiligheidsredenen zullen ze geen militaire vaartuigen volgen, dus je zult geen spionagevliegtuigen, straaljagers of Air Force One zien! Bekijk ook: FlightRadar24 (iOS/Android), Plane Finder-Flight Tracker (iOS), Planes Live (iOS)

Iridium Flare Tracker: Historisch leuk, nu ter ziele

Iridium Flares behoren tot het verleden. De eerste generatie van deze satellieten, voor de eerste gelanceerd in 1997, had spiegelachtige antennes ter grootte van een deur die perfect waren gehoekt om briljant te knipperen naar de nachtelijke hemel op de zon kort van reflectie. De tweede generatie, genaamd 'Iridium NEXT', heeft een nieuwe geometrie in hun ontwerp en zal niet opvlammen. Je kan misschien nog een kleine flare zien, maar de satellieten worden niet zo strak gecontroleerd als voorheen, en er worden dus geen calculaties gemaakt om de timing te bepalen. De nieuwe set is nu volledig compleet. Dus als je deze app al hebt, kan je deze tot nader order verwijderen.

Constellatie App

Maak kennis met je sterrenbeelden, planeten en sterren. Sommige apps laten bovendien zien waar de Hubble-telescoop en het International Space Station (ISS) zich bevinden. Wist je dat het International Space Station een onderzoekslab is met 3 tot 10 mensen uit verschillende landen tegelijk? Astronauten, kosmonauten en ruimtetoeristen uit 17 verschillende landen hebben het bezocht. Het is continu bezet sinds november 2000. Bekijk ook: SkyView Free (iOS/Android), Sky Map (Android), Sky Walk 2 (iOS/Android), Night Sky (iOS), Night Sky Lite (Android), Stellarium Mobile (iOS/Android), Sky Guide AR (iOS), Sky Rover (iOS)

Lichtvervuiling Map

Geweldig om je te helpen een donkere veld site te vinden die relatief vrij is van lichtvervuiling. We willen allemaal meer van de Melkweg zien, toch? Bekijk ook: Light Pollution Map (iOS/ Android), Dark Sky Finder (iOS), Dark Sky Map (Android), Scope Nights (iOS)

De weerberichten

Betrouwbare weersvoorspellingen voor astronomen met de nadruk op bewolking. Bekijk ook: Weather Underground (iOS/Android), Clear Outside (iOS/Android), Astro Panel (Android), Scope Nights (iOS)

Digitale geluidsopname App

Voor het opnemen van je veldwerk, meetings of voor het dicteren van notities. Bekijk ook: Smart Recorder (iOS, Android), iTalk Recorder (iOS)

ET Contact Tool

Deze app is gemaakt door CSETI en heeft meditaties, graancirkel tonen, een magnetometer, een kompas en instructies voor het gebruik van de app en veldwerk in het algemeen. (iOS/Android)

ESP Tregener

NASA en het Stanford Research Institute ontwikkelden deze app. Het doel is om je paranormale vermogens te verbeteren. In een NASA-programma van een jaar verbeterden 145 proefpersonen hun scores, waarbij 4 mensen hun scores op het honderd-op-een-niveau of beter verbeterden. Als je merkt dat je vaak 12 of meer scoort, schrijf dan naar de ontwikkelaar: http://www.dojopsi.com/contactrussell.cfm (iOS)

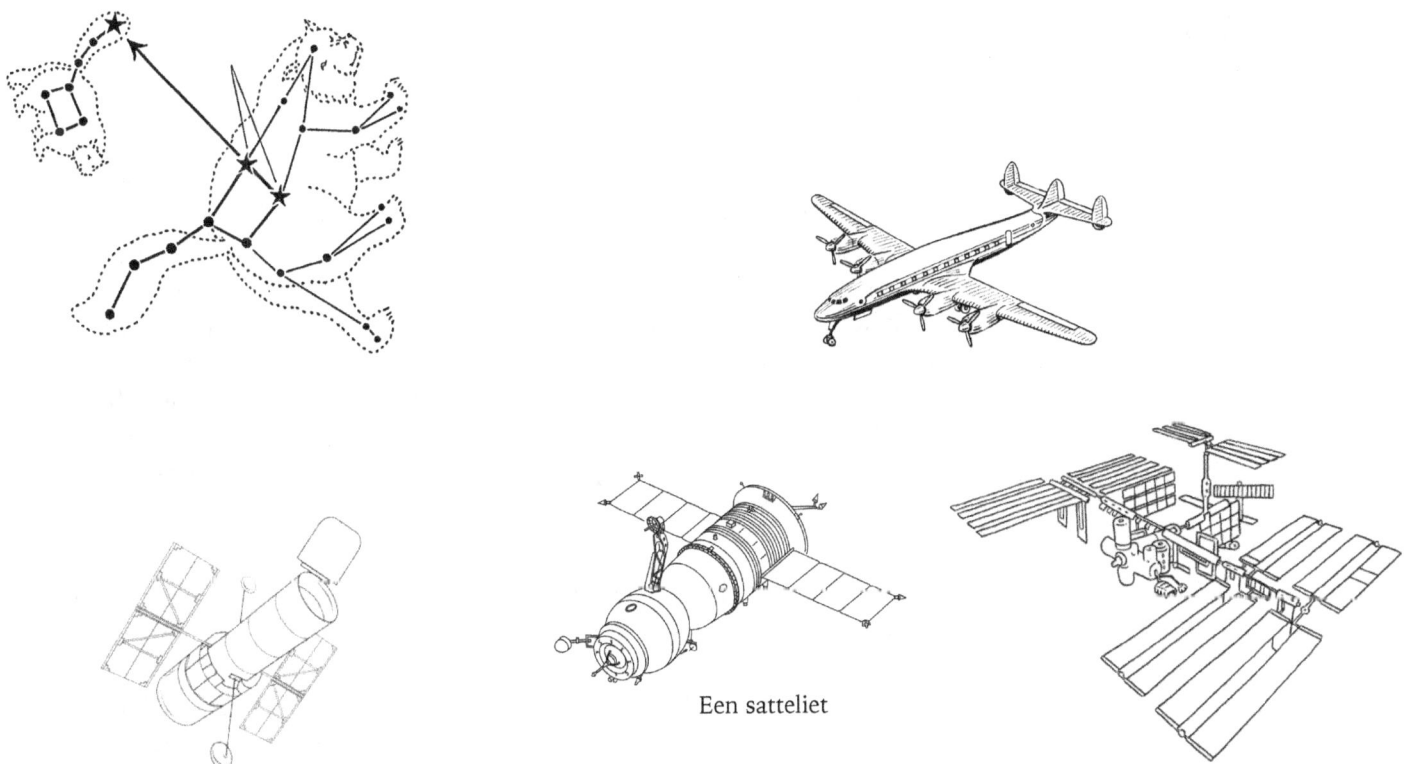

Hubble Telescoop

Image Attribution:
http://www.supercoloring.com/coloring-pages/hubble-space-telescope

Een satteliet

International Space Station

APPARATEN OM TE COMMUNICEREN

Onze groep is niet erg technisch. De meeste onderstaande informatie is afkomstig van onze technisch onderlegde mentor Deb Warren, uit Vernon, BC, die al vele jaren CE-5 doet.

Veel mensen die CE-5 doen, gebruiken een verscheidenheid aan gadgets om iets van ET te horen. Wat je met deze constructies doet, is er een inschakelen, misschien wat instellingen aanpassen en dan wachten tot het een geluid maakt of piept of doet wat het ook doet. Deze apparaten kunnen niet vanzelf afgaan. Ze moeten wat externe input hebben om te kunnen reageren. Wikkel je gedachten daar omheen. Er is niets in een externe omgeving dat deze apparaten kan uitschakelen. Vraag het een PhD elektromagnetische wetenschap expert.

- Schakel bij het gebruik van apparatuur je mobiele telefoons uit en schakel alle televisies in de buurt uit.
- De activiteit van een apparaat komt soms overeen met waarnemingen.
- Decoderen van ET-transmissies:
  - Eén "Pieptoon" = Nee (stilte voor Geiger Counter)
  - "Piep Beep" = Ja
  - "Piep piep Beep" = "We zijn hier"

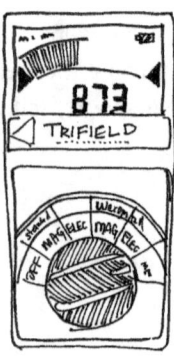

EMF Meter $21 - $245 USD

Een EMF-meter (ook bekend als een magnetometer of een Trifield Meter) detecteert velden die worden uitgezonden door elektrisch geladen objecten. In het conventionele leven worden EMF-meters gebruikt om problemen met elektrische bedrading, elektriciteitskabels en elektrische afschermings effectiviteit te diagnosticeren. Dus als je in niemandsland bent en er gaat er één af... dat is dan vreemd.

De Trifield 100XE meter van AlphaLab Inc. was de standaard voor veel CE-5 groepen. AlphaLab heeft nu een nieuw model, de TF2: https://www.trifield.com/product/trifield-emf-meter/ $168 USD. Het nieuwe model "piept" in plaats van "zingt". Als je de voorkeur geeft aan het analoge geluid en je bent op zoek naar een oud model, zorg er dan voor dat je met de verkoper bevestigt dat wat je koopt met geluid wordt geleverd, omdat het een add-on-optie was. (Een meter met geluid heeft een 'squelch' knop aan de rechterkant.) Als je geluk hebt, vind je er misschien ook één met een rood licht, wat handig is om in het donker te zien als er een meting is. De nieuwe wordt niet geleverd met een optie voor het rode licht. Als je denkt dat dit een verbetering van het apparaat zou zijn, zeg dit dan wanneer je bestelt, omdat de fabrikant zeer responsief is en de geluidsniveaus voor de TF2 al sinds de eerste productie heeft verbeterd.

Stel het oude model in op "Magnetische instelling 0 op 3 bereik" en het nieuwe op "magnetisch". Het pikt menselijke magnetische velden op, dus zorg ervoor dat je het laag genoeg hebt ingesteld dat het geen mensen in de buurt oppikt. Stel het laag genoeg in dat als je je hand er in de buurt legt, het een geluid zal maken. Blijf er dan vanaf. Daarna, als het een geluid maakt zonder dat iemand ernaar grijpt, is er een abnormale verandering in het magnetische veld. Je kan het apparaat testen door het in te stellen op een stille instelling en een elektronisch apparaat te benaderen, zoals een stopcontact, een tv of een magnetron.

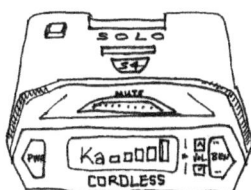

Draagbare radar detector $70 - $300 USD

Elke auto radar detector zou voldoende zijn. Wanneer ET een transmissie verzendt, maakt het een heel ander en duidelijk geluid dan wanneer het regelmatig wordt gebruikt terwijl je over de snelweg rijdt. Stel ze in op de snelweg (gevoeliger) of de stad (minder gevoelig). Als je er meer dan twee hebt, doe dan van tevoren wat tests om er zeker van te zijn dat ze elkaar niet beïnvloeden. Richt in het veld hun lenzen niet op elkaar, omdat het een vals positief kan genereren. Probeer de S4-eenheid: https://www.escortradar.com/. Of probeer http://www.radarsource.com.

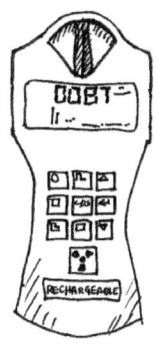

Gamma Scout Geigerteller $100 - 440 USD

Goed voor het oppikken van radioactieve straling en kan ongeziene buitenaardse vaartuigen of sporen van een landing detecteren. ET kan het ook gebruiken als communicatiemiddel. Het zal willekeurig tjilpen terwijl het werkt, maar verdubbelt tot twee tjilpen om "Ja" te zeggen, of zwijgt als het antwoord "Nee" is. De oplaadbare versie hoeft slechts één keer in de drie jaar te worden opgeladen.

https://www.gammascout.com/collections/geiger-counters

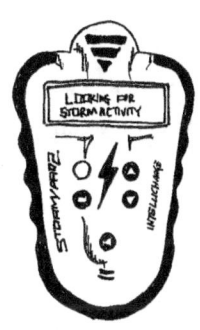

Draagbare Bliksemdetector: $26 - $499 USD

Een stormtracker wordt normaal gesproken gebruikt voor het detecteren van blikseminslagen tot 80 km afstand. Als het apparaat plotseling een blikseminslag detecteert, kan dit betekenen dat een ET-vaartuig plotseling is verschenen door een krachtige elektrische ontlading uit te zenden. Op een training van april 2012 in Marcos Island Florida had Deb Warren de ervaring om geluidloze bolbliksem een paar kilometer verderop te zien, waarbij de stormtracker helemaal niet afging. De volgende nacht was er een onweersbui die 40 kilometer verderop begon en hen naderde tot op minder dan 1,6 km, waarbij de stormtracker piepte bij elke bliksemschicht. De ET's bemoeiden zich de eerste nacht met iets, en ter vergelijking, lieten een echte storm de volgende nacht passeren. Te koop: https://www.ambientweather.com/sptb2iy.html

Digitale outdoor thermometer: $ 12.99 USD en hoger

Bewaakt de luchttemperatuur en luchtvochtigheid tijdens veldwerk. Als de luchttemperatuur plotseling piekt, kan dit erop wijzen dat een ET-schip direct boven de grond zweeft, nog koeler / warmer worden en kan de groep *zich in* een gedematerialiseerd vaartuig zitten. Vrijwel overal verkrijgbaar.

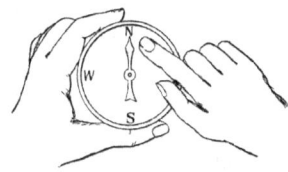

Kompas ~$10 en hoger

Een eenvoudig kompas kan worden gebruikt. Wanneer het wordt beïnvloed, zal het verschuiven naar punt naar het zuiden in plaats van naar het noorden.

APPARATEN EN WAARNEMINGEN

Weet je waarom de meeste beelden van UFO's wazig, wazig, wankel, onvolledig, enz. zijn? Omdat het zo verdomd moeilijk is om beelden van een UFO te krijgen, daarom. Het is midden in de nacht en je kan niets zien, je handschoenen zijn aan, je bent vergeten welke knop wat doet, de UFO in je zoeker kan je niet vinden. Als je het vindt, ben je niet goed in het volgen ervan omdat je zo opgewonden bent of omdat je camera zo ingezoomd is dat het is alsof je door een microscoop kijkt naar bliksemsnelle hemel amoebe. Zodra de UFO uit beeld raakt (omdat je de camera schudt of verdwaalt terwijl je probeert er echt een oogje in het zeil te houden, zodat je ook aan de waarneming kunt deelnemen), moet je hem opnieuw vinden. Ik heb persoonlijk opgegeven om beelden te krijgen en tegelijkertijd een groep te leiden. Het is te ingewikkeld. Als je net zo in de war raakt als ik, kies dan iemand anders om het te doen, zorg ervoor dat je een extra leider hebt of zorg voor een groepsdynamiek die je tijd geeft om te rommelen met de apparatuur.

Nachtzicht Video Camera

Luna LN-DM50-HRSD ~ $ 400 USD (europa is het 700 Euro denk aan invoerrechten)

- We hebben deze. Het is handig om het nachtzicht en de videorecorder allemaal in één apparaat te hebben, maar het is erg ingezoomd, dus slechts een klein deel van de hemel wordt opgenomen. Het gebruik ervan is wennen vooral het felle licht in de kijklens is als van een zaklamp het licht schijnt flink in een van je ogen. Het is enigszins een uitdaging om ook het heen en weer aan te passen tussen sky watch en documentatie. http://www.lunaoptics.com/

Bushnell Equinox Z ~$340 USD

- Een nachtzicht monoculaire met foto / videomogelijkheden. Het vreet door batterijen, maar met een externe batterij zoals de Lime Fuel Blast L60X voor $ 30, gaat hij uren en uren mee. http://www.bushnell.com/

Digiforce X970 ~ $ 760 USD

- Dit is het nieuwste aanbod van de fabrikant Pulsar. Foto-/videomogelijkheden. Het omvat range-finding reticles. We weten niet wat dat betekent, maar het klinkt goed. http://pulsarnv.com/

iGen 20/20 ~$399 USD

- Je zou deze camera kunnen overwegen voor een breder veld van view. Hoewel de gevoeligheid lager is dan de X970 hierboven, is de iGen-lens met schroefdraad zodat men tele- of groothoek adapter lenzen kan monteren. http://www.nightowloptics.com/index.php (Klik rechts op "iGen")

Ranger RT ~ $ 900 USD

- We hebben een aantal goede recensies gehoord over de Yukon Ranger Pro, hoewel deze is stopgezet. Als je er nog een kunt vinden in het pandjeshuis, onderzoek dan de andere nachtzichtapparatuur in de Ranger-serie die door Yukon Optics wordt verkocht. http://yukonopticsglobal.com/products/

Infraroodcamera $100 USD en hoger

Je kan een goedkoper Bell en Howell infraroodcamera krijgen via Amazon of eBay. Werken goed. Zoektermen: "Bell Howel IR Night Vision Camera"

Traditionele Camera

- Je kan een gewone camera gebruiken om foto's of video's van UFO's vast te leggen. Gebruik voor het beste resultaat een camera met een hoge ISO.

- Ik heb ooit verschillende foto's van de hemel gemaakt om erachter te komen of een van de "sterren" die ik aan het bekijken was, in cirkels op me bewoog. Ik ben er nooit achter gekomen of ik me dat verbeeldde of niet, want nadat ik de foto's naar mijn computer had gedownload, was ik veel meer geïnteresseerd in de fel rode en witte UFO die op magische wijze in het frame verscheen. Ik gebruikte mijn punt en shoot, een SONY Rx 100 iii, Max ISO 128.000.

- Onze CE-5 mentor Deb Warren heeft goede resultaten met haar Canon D5 Mark 2 ISO 25.000. Om een voorbeeld van haar foto's te zien, Google: "CSETI Joshua Tree jewel-like ET Craft."

- De beroemde Vero Beach Twin Ships video is opgenomen met een Sony A7S. Deze lijn camera's heeft opmerkelijke mogelijkheden bij weinig licht, ISO 100.00 tot 400.000.

Camera specifiek voor het vastleggen van bollen:

Als het maken van foto's van bol-activiteit iets voor jou is, werken oudere digitale camera's die geen 'hot mirror'-technologie (infrarood filters) hebben het beste. Gebruik een flitser. In het boek *The Orb Project* gebruikten de onderzoekers een Pentax Optio 330 en een Nikon Coopix 8800. Iemand in onze groep gebruikt de Canon PowerShot sd1100IS met goed succes. Voor tips over het maken van foto's van bollen ga naar: https://orbwhisperer.com/orb-photography-tips.

Infrarood licht $15 – 30 USD

Een eenvoudig infrarood licht dat 's nachts wordt gebruikt, helpt je om orbs beter te zien bij het gebruik van je nachtkijker / camera of je gewone camera of videorecorder.

Fenomenen vastleggen in Pictures

Sommige verschijnselen verschijnen op foto's die je niet kan zien wanneer je de foto maakt. Elke camera zal dit doen. Instructies:

- Maak de intentie om niet-fysiek fenomeen en/of ET vast te leggen.

- Schemering is een bijzonder goed moment om dit te doen.

- Mediteer, concentreer je op communiceren, voel de energiestromen.

- Maak vervolgens willekeurige foto's van gebied en lucht.

- Als je binnen bent, probeer dan foto's te maken van een slecht verlichte kamer met een flitser. Streef naar gebieden zoals hoeken, evenals achtergronden die niet wit zijn, omdat ze gemakkelijker te zien zijn bij het beoordelen.

- Naar verluidt zal een bepaalde camera worden gekalibreerd door uw intentie en meer verschijnselen vastleggen hoe meer je hem voor dit doel gebruikt.

FOTO'S

Hier zijn enkele foto's gemaakt door mensen in onze groep en verschillende bijdragers aan dit handboek:

Twee onbekende grijze vormen, Calgary Area, november 2016.

Abnormale energie wat niet gezien kan worden met het blote oog, Lake Motosu, Japan, maart 21, 2015.

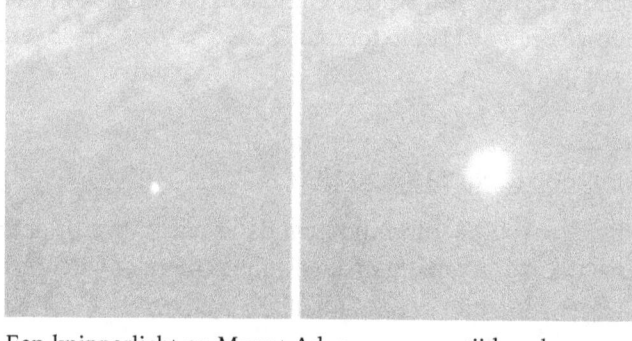

Een knipperlicht op Mount Adams, voor en tijdens het flitsen.Er zijn geen wegen naar deze locatie. De omvang van de helderheid was ook abnormaal. ECETI, Staat Washington, mei 2018. (Opmerking: nachtvisie apparaten, zoals de Luna Optisch monoculair die wordt gebruikt om deze beelden te verzamelen, neemt flitsen en power-ups op die nog veel helderder zijn dan dat ze in het echt lijken.)

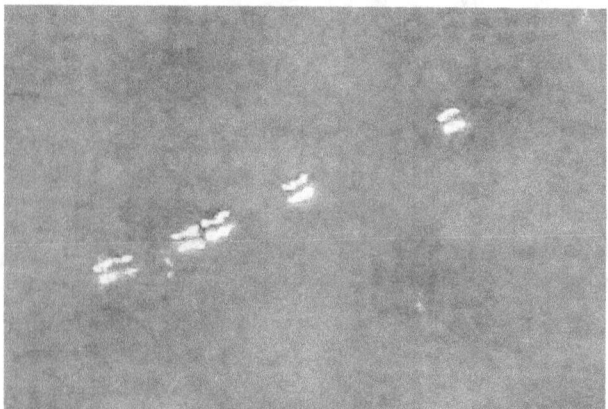

Een foto met vijf lagen van een bewegend voertuig, dat niet gezien kan worden met het blote oog.
Mt. Shasta, California, juli 2016.

Veelheid aan bollen, ECETI, Washington State, mei 2018.

Twee UFO's op weg naar het huis, gezien door meerdere ooggetuigen. Volcano, Californië, november 2016.

Klassieke schotel-type UFO, Tokio, Japan, november 2016.

Naar verluidt kunnen UFO's zichzelf verbergen als wolken. ECETI, Washington State, juli 2017.

Horizon bekeken *door* Keiko's hoofd, ECETI, Washington staat, mei 2018.

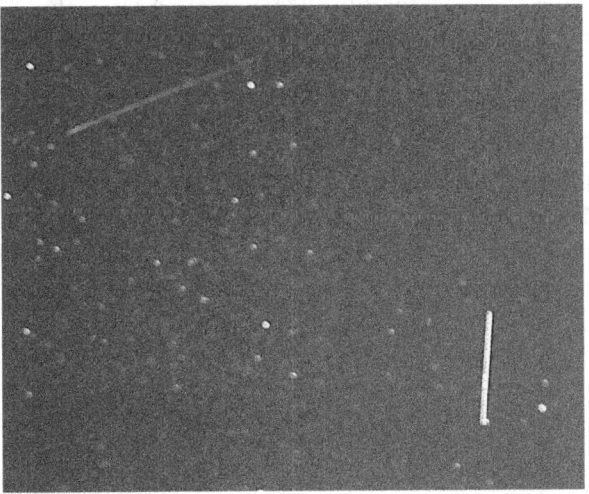

Streaker en een heldere vermeende satelliet, Calgary Area, augustus 2017.

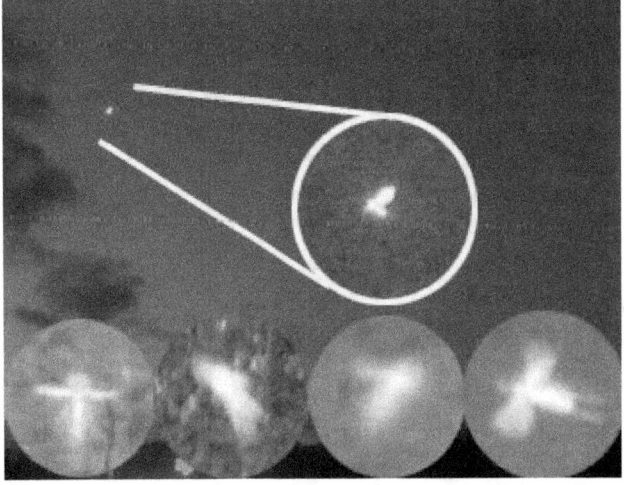

Abnormale lichten, die niet gezien kunnen worden met het blote oog, ECETI, Washington State, mei 2018, en Buffalo Lake, Alberta, juli 2018.

49

INTERNE COMMUNICATIE

Omdat deze ervaring meer over groei gaat dan over waarnemingen, verwacht je dat je meer interne ervaringen zult hebben dan externe, vooral in het begin. Dit gebeurt niet alleen tijdens CE-5, maar ook tijdens je droomtoestand, meditatie en tijdens je dagelijks leven. Je weet dat je je uitbreidt, als je je steeds beter voelt. De manier waarop je liefde geeft en ontvangt zal onvoorwaardelijk zijn, niet alleen afhankelijk van je overtuigingen / staat, en niet van andere / omstandigheden buiten je eigen controle. Deze sectie is aanzienlijk korter dan het gedeelte Externe communicatie. Interne ervaringen zijn intiem, uniek voor elke persoon en meestal onmogelijk volledig over te brengen. Dus hier houden we het kort en krachtig en nodigen we je uit om naar binnen te gaan.

Heel kort: Interne communicatie en interactie komen door je heen door je vijf zintuigen. Als je nieuw bent in je latente paranormale vermogen, dan heb je enige oefening nodig om je bewust te worden van deze ervaringen:

- Helderziendheid: het zien van een visie, symbool, aura's, energie, lichten, enz. Het kan in je ogen zijn, of het lijkt volkomen echt.
- Helderhorend: het horen van een stem, geluid, muziek etc. Dit kunnen oorsuizen zijn. Het kan een woord, een zin of een gedownload pakket zijn dat je vertaalt. Het klinkt misschien als je gedachten, "een stem in je hoofd" of een stem of geluid.
- Heldervoelend: iets in/op/nabij het lichaam: sensaties, energie, aanraking, emoties, trillingen, aanwezigheid etc. Nogmaals, het kan subtiel of concreet worden gevoeld.
- Helderruikend: iets ruiken wat anderen niet kunnen waarnemen.
- Helderproevend: het proeven van iets dat anderen niet kunnen waarnemen.

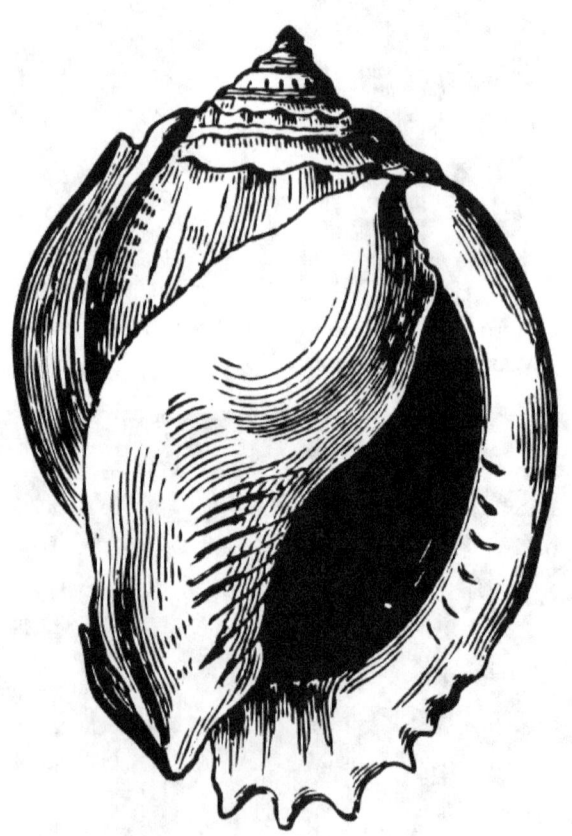

Je kunt verschillende vormen van psychische communicatie tegelijkertijd hebben. Je hebt misschien een volledige interactie met een wezen. Dit kan gemakkelijker gebeuren in een alfa- of theta-hersengolf toestand in meditatie. Of in je dromen of in de staat tussen slapen en wakker worden. Je hebt misschien een ervaring die volledig fysiek en echt aanvoelt terwijl je je dan realiseert dat het niet is wanneer iemand anders het niet kan waarnemen. Synchroniciteiten kunnen versterken. Je kan lichaamsensaties hebben die wijzen op energie-downloads, upgrades of zelfs genezingen.

Oefen je paranormale vermogens: als de telefoon gaat, raad eens wie het is. Wanneer je een keuze moet maken in je leven, vraag dan om begeleiding en ga met je intuïtie mee. Download de ESP Trainer-app. Leer meer over lucide dromen en nodig een ervaring of ET uit om je daar te ontmoeten.

Specifieke communicatie

Energie downloaden:

In het veld kun je plotseling golven van energie op je lichaam voelen stromen, die langzaam intensiveren. Ondertussen kan je een tintelend gevoel voelen in je vingertoppen en voeten en/ of spierspasmen in je romp. Je kan je ook enigszins misselijk voelen en last hebben van kortademigheid. Al deze tekenen kunnen erop wijzen dat je een soort energieke download ervaart. Als dit gebeurt, aard jezelf dan. Geef de energie een plek om naartoe te gaan. Zet je voeten stevig op de grond, idealiter met je schoenen uit. Of je kunt elkaars hand vasthouden met andere groepsleden. Als alternatief kun je een groot kristal vasthouden als je er een hebt, of een grote boom omhelzen. Probeer diep adem te halen en kalm en ontspannen te blijven. Het voelt misschien verontrustend en onaangenaam, maar accepteer deze energie als een speciaal geschenk. Het kan betekenen dat je een energetische tune-up, een DNA-upgrade, een chakra-clearing of een speciale healing ontvangt. Het kan ook betekenen dat je lichaam wordt gebruikt als een kanaal om hoog dimensionale helende energie in de aarde te geven. Wat het ook is, je zal binnen een dag of twee genieten van een duidelijk gevoel van energetische openheid, ontwaking en opgetogenheid. Sommige mensen hebben gemeld hoe deze unieke ervaring hun leven permanent op een diepgaande en positieve manier heeft veranderd.

Samenvoegen:

Terwijl je in een ontspannen, hoge trillingstoestand bent, kun je je plotseling warm, wazig, tintelend of zalig voelen. Dit komt door interne sensaties die zich langzaam ontwikkelen, bewegen en door je lichaam stromen. Dit kan erop wijzen dat je een samenvoeging ervaart. Een gedematerialiseerd wezen heeft een interactie met je bio-elektrische veld. Het is een veilige manier voor een wezen om zijn aanwezigheid aan jou te bevestigen op een energetisch niveau. Het is echter jouw beslissing om deze interactie te verwelkomen en te ondersteunen of af te breken. De keuze is aan jou. De entiteit kan ook nieuwsgierigheid zijn en ervoor kiezen om je fysieke en jouw subtiele energie-lichamen te verkennen, te bestuderen of ermee in contact te komen. Er kan ook een genezing bij betrokken zijn. Voor velen is deze verbinding een uniek geschenk.

"Is het mijn verbeelding of een echte psychische ervaring?" Het antwoord is niet zo belangrijk als wat je ervaring is, het heeft hoe dan ook een persoonlijke betekenis. Naarmate je echter wordt geoefend, leer je het verschil kennen. Wanneer je een heel duidelijk kanaal wordt, zal het duidelijk voor je zijn wanneer communicatie in je ervaring wordt ingevoegd. Als je op een CE-5 zit, schaam je dan niet, ga je gang en deel je ervaring met de groep, of je nu de oorsprong kent of niet. In de wetenschap moet je onbevreesd zijn. Je kunt onder voorbehoud geven dat je niet weet. Je ervaring kan belangrijk zijn voor iemand in de groep.

EXTERNE COMMUNICATIE

Vermeende satellieten

Alle satellieten worden "vermeend" genoemd om aan te geven dat we niet echt weten wat het is, tenzij bewezen. Satellieten reizen in een langzaam tempo door de lucht en kunnen soms opvlammen als de zon reflecteert op apparatuur zoals zonnepanelen. NOSS- of NOSS-achtige satellieten (Naval Ocean Surveillance System) zijn er in paren of drieling. Het onderscheiden van de waarheidsgetrouwheid van satellieten is een leuke onderneming. Hier zijn enkele punten in dit debat. Verspil er niet te veel tijd aan of word er niet te serieus over, echt onmiskenbare waarnemingen liggen in je toekomst.

- Satellieten variëren in grootte van een cantaloupe tot een grote pick-up truck, en de baanafstand van de aarde varieert van 180 km tot 35.000 km. Welke maten satellieten zijn eigenlijk met het blote oog te zien?

- Het International Space Station (ISS) is zo groot als een voetbalveld alleen slechts 400 km hoger. Dat is zichtbaar. (Eigenlijk geen satelliet: het is een wetenschappelijk lab met 3 tot 10 astronauten die er in verblijven, cool hè?)

- Een Iridium Satelliet is zo groot als een vrachtwagen, 780 km omhoog, en is nauwelijks zichtbaar. (De eerste generatie van deze satellieten produceerde vroeger een zeer zichtbare flare. Helaas wordt niet verwacht dat de tweede generatie, die nu volledig is ingezet, zal opvlammen).

- Beweging: De meeste satellieten bewegen in één richting: met de rotatie van de aarde van west naar oost. Militaire bewegen loodrecht op in: Het noorden aan het Zuiden (of Zuiden aan het Noorden). Er zijn niet veel satellieten die van oost naar west gaan omdat het duurder is om ze in een retrograde baan te lanceren.

- Een manier om er zeker van te zijn of een satelliet "alleged" is of niet, is door hem te vragen om de satelliet aan te zetten of van richting te veranderen. Verzamel je gedachten en harten en vraag er naar: veel groepen zijn hier in beantwoord!

- Sommige vermeende satellieten "knipogen" of "twinkelen" briljant. Het kan een satelliet zijn die door de ruimte tuimelt en de zon reflecteert van een glimmend deel. Of niet.

- Op sommige nachten zien we ZOVEEL vermeende satellieten; op sommige avonden zien we nauwelijks iets. We kunnen proberen hier meer in te graven met een satelliet-app, maar aan de andere kant is er ruimteafval. We hebben deze opgegeven en de 'vermeende satelliet' voor zichzelf te laten spreken.

Vermeende Meteoren a.k.a. Streakers

- Deze worden ook wel "vermeend" genoemd omdat ze op de een of andere manier niet kunnen worden bewezen. Het meest afwijkende deel van streakers is het hoge aantal streakers dat op een CE-5 nacht kan voorkomen. Zorg ervoor dat het geen meteorenregen avond is als je deze claim maakt.

- Er zijn zoveel varianten van streakers: grootte, snelheid, kleur, afgelegde afstand. Op een meeting in Mt. Shasta zagen we streakers die in een fractie van een seconde over de hele breedte van de hemel gingen, grote, dikke, oranje en groene streakers, streakers die aan het "wiebelen" waren, en een streaker die een vorm had die zich aan de voorkant in twee vormen scheidde.

- Streakers verschijnen vaak op synchrone momenten, bijvoorbeeld wanneer we "Dank u" zeggen bij het sluiten, of wanneer ET iets wil benadrukken waarmee iemand zegt dat ze het eens zijn.

Vermeende sterren

"Vermeende" sterren zullen in de tegenovergestelde richting van alle rest van de sterren bewegen. Je hebt een referentiepunt als een boom nodig om dit uit te zoeken. Ze knipperen soms aan en uit, of draaien verschillende kleuren. Houd er rekening mee dat sterren aan de horizon ook twinkelen als gevolg van breking.

Flitslichten

Een 'flashbulb' is een snelle lichtflits die eruit ziet alsof iemand daarboven een foto van je heeft gemaakt met de camera-flitser aan. Het is snel! Wie de eerste flitser ziet, vertelt de groep waar de flits was en iedereen richt zich op die plek, heel vaak komen er meer. Soms blijven de flitslichten op één plek. Soms bewegen ze en blijven ze bewegen, soms grillig, soms ritmisch, soms zigzaggend, soms op koers. We hebben twee keer een reeks flitslichten meer dan 50 keer gezien, te veel om nauwkeurig te tellen. De eerste keer verveelden mensen zich eigenlijk na het tellen van meer dan 45 flitsen en gingen toen terug naar het vertellen van UFO-verhalen terwijl ik schreeuwde "... 48!... 49!... 50!" Ik hou van mijn groep.

Power-ups

Een power-up begint als een vermeende satelliet, laagvlieger, ster of wat lijkt op een vliegtuig. Dan wordt het licht helderder, of een grote heldere bol knippert of "voedt" er om heen. Een goed voorbeeld van een power-up is via het YouTube-kanaal van Deb Warren: https://www.youtube.com/watch?v=OHC8X4j-i38 Houd er bij het bekijken van beelden rekening mee dat nachtzichtapparatuur het weinige licht dat beschikbaar is vergroten, dus de omvang van een power-up is overdreven in vergelijking met wat we met het blote oog zouden zien.

Laagvlieger

Dit zijn spannende waarnemingen. VEEL helderder dan wat dan ook daarboven, lijken deze lichten lager in de atmosfeer te zijn. Degenen die we zien reizen door de hele hemel, vertragen tot een bijna stop.

Orbs

Wat zijn orbs? Je hebt deze lichtbollen waarschijnlijk op foto's gezien. De conventionele verklaring is dat ze licht zijn dat stofdeeltjes weerkaatst. Het is echter vreemd dat ze tegen de wind in kunnen bewegen, versnellen, vertragen, bochten maken en spelenderwijs naar energierijke situaties lijken te gaan. Ze kunnen bewegen of stilstaan, en zijn er in alle kleuren en maten, van piepklein tot gigantisch. Sommige mensen kunnen ze met het blote oog zien. De meeste mensen zien ze met een nachtkijker (ECETI is een geweldige plek om door een nachtkijker van meer dan duizend dollar te gluren die James gracieus passeert). Oudere digitale camera's (zonder IR-filters) kunnen worden gebruikt om bol verschijnselen binnen of buiten vast te leggen. Gebruik een flitser, maar zorg ervoor dat je niemand in je groep verblindt. (Ze zullen niet blij zijn!) Je kan ook een eenvoudig infraroodlicht gebruiken om het gemakkelijker te maken om bollen te zien met een bril of bij het digitaal documenteren. Individueel of als groep kan je ook orbs uitnodigen voor een foto, je zal misschien verrast zijn door hoeveel er verschijnen voor een foto!

Sondes

Kleine lichten die dicht bij de groep komen. Ze kunnen zelfs in de contactcirkel verschijnen. Ze kunnen ook verschijnen als kleine sprankelende lichten. Ze kunnen intelligent zijn. Ze kunnen informatie verzamelen. Misschien zeggen ze gewoon 'Hoi'.

Vervormde Hemel

Een plek in de lucht die eruit ziet alsof er hittegolven doorheen bewegen, of een plek die glinstert, die kleuren kan hebben of donkerder kan zijn.

Menselijke machines uitsluiten

- Vliegtuigen en helikopters hebben navigatie- en stroboscooplichten, vliegen laag, hebben beperkte snelheden, zijn wendbaarheid en maken geluid.
- Drones hebben al dan niet licht, ze zenden een geluid uit als je dichtbij genoeg bent om het te horen, hebben beperkte snelheden en vaardigheden en mogen niet erg hoog vliegen. Het laatste punt kan irrelevant zijn: mensen kunnen hoog vliegen, ongeacht wetten.

The Real Deal: ET Schepen of Military Spacecraft (ook bekend als Alien Reproduction Vehicles, of ARVs)

Het leger verbergt hun eigen ruimteschepen vloot, omgekeerd ontworpen door gecrashte UFO's. Een van mijn vrienden trouwde met een top geheime militaire specialist die een van deze ruimtevaartuigen zag in Area 51. (Hij raadt aan om een Million Man March naar de basis te doen om te eisen dat wat we zien wat ze eigenlijk verbergen, als iemand dat wil organiseren?) Kunnen we het verschil zien tussen een ARV en een ET-schip in de lucht? Waarschijnlijk niet. We gaan ervan uit dat het leger niet reageert op onze telepathische verzoeken. Zowel ARVs als ET Ships kunnen dit doen:

- Een rechte hoek draaien, omkeren of stoppen en weer bewegen op manieren die vliegtuigen, drones en helikopters niet kunnen.
- Power-ups maken.
- Geen flitsers tonen.
- Ongelooflijke snelheden maken.

Waarnemingen van onze groep: Mt Shasta tijdens een meeting gehouden door Kosta, enkelen van ons zagen ongeveer tien lichten, in twee perfecte formaties, die elkaar in stilte aan de horizon volgden.

We hebben ook een fel licht zien bewegen, stoppen, bewegen, stoppen en wegritsen. Een andere keer zagen we een licht zo laag vliegen dat het een wolk verlichtte. Dat was een laagvlieger, en we hebben er nog drie gezien: extreem felle lichten die over ons heen gingen, en dan langzaam tot een bijna stoppen aan de horizon. We beschouwen flashbulbs ook als bevestigde waarnemingen.

Laat het gaan

Raakt niet te verstrikt in het uitzoeken of een UFO kan worden 'ontkracht' of dat het van een onbekende interstellaire oorsprong is. Als het bewijs niet zo overtuigend is, waarom zou je er dan over discussiëren? Accepteer dat het misschien een ruimteschip is en bewaar je energie voor onmiskenbare ervaringen. CE-5 facebook groepen trekken altijd een paar gemene trollen aan. Als je het type mens bent die gemeen is tegen anderen als hun inzicht twijfelachtig is, krijg je niet veel waarnemingen. Dat komt omdat 'gemeenheid' een lage vibratie is, en als je een lage vibratie hebt zal je niet makkelijk toegang krijgen tot waarnemingen. Wees alsjeblieft geen pestkop.

"Waarom zien we gewoon lichten en geen mooie fysieke schepen zoals schotels en driehoeks vaartuigen?"

Waarnemingen van UFO's van dichtbij zijn de afgelopen jaren afgenomen. Vraag mensen naar hun jeugd of vroegere ufo-ervaringen en je zal indrukwekkende verhalen horen zoals de verhalen in onze groep: een dodecaëder ruimteschip met een draaiende top, enorme zwarte driehoeken die grote delen van de lucht bedekken, een metalen schip in de mist die bijna dichtbij genoeg is om aan te raken... oude ufowaarnemingen waren geweldig!

Waarom nu meestal die verre lichten? Het kan een veiligheidsprobleem zijn. ET kan misschien niet te dichtbij komen omdat het luchtruim (vooral het Noord-Amerikaanse luchtruim) extreem krap is. Ik denk dat het leger ze neerschiet als ze ze zien. Het is mogelijk dat, vanuit een veiligheidsoogpunt, veel van de schepen die met onze groepen communiceren, mogelijk niet worden bestuurd door organische wezens uit de verre uithoeken van het sterrenstelsel, maar op afstand worden geprogrammeerd of bediend met behulp van geavanceerde AI-technologie.

Een wezen ontmoeten

Tot op heden hebben we geen directe interactie gehad met wezens tijdens een CE-5-evenement, maar één in onze groep heeft deze wel persoonlijk ontmoet, en dat was een wezen in zijn huis. Ik heb ook een vriendin in mijn buurt die een inheemse sjamaan is, die oog in oog heeft gestaan met een wezen op één van haar bezoeken aan een heilige plaats in de tropen, met verschillende getuigen. Toen mijn vriendin het wezen zag, begonnen de tranen over haar gezicht te stromen... het wezen trok zich zachtjes terug en gleed terug de jungle in. Het zou om vele redenen een intense ervaring zijn, misschien onder hen diepe opluchting, overweldigende gevoelens van liefde en/of een verlangen naar hereniging met galactische families waar we te lang van vervreemd zijn geweest.

De meesten van ons zijn nog lang niet zo klaar als een sjamaan om een wezen te ontmoeten. We zijn natuurlijk bang voor het onbekende of het andere, en bovendien zijn we door de media geprogrammeerd om te verwachten dat buitenaardsen vijandig of slecht zijn.

Het voorbereiden van de groep op face-to-face interacties is een goede oefening om te doen. Word echt ontspannen en in een gefocuste staat en laat iedereen door een visualisatie lopen waar elke persoon een wezen ontmoet. (Zie de meditatie sectie voor een voorbeeld.)

Een andere goede oefening is een ET te visualiseren terwijl je door je dagelijks leven gaat. Stel je een ET voor om elke hoek, de trap op of af, bij de winkels of koffiebar. Als je vast in een file staat, in de auto voor je, enz. Je kan zelfs de muren van je huis versieren met foto's van ET's. Door dit te doen, bereid je je geest in feite voor op het mentaal en emotioneel accepteren, zonder angst voor een fysieke ontmoeting met een ET-wezen. Je geloofssysteem wordt ook opnieuw geprogrammeerd om te erkennen dat deze kleine bijeenkomsten eigenlijk natuurlijk, normaal en prozaïsch zijn. Deze strategie zal helpen om die diepe onbewuste overtuigingen los te laten dat het onmogelijk is om een echte ET.

Te ontmoeten op een CE-5, of in je dagelijks leven, kun je enkele verschijnselen opmerken die je zachtjes naar een wezen leiden: het horen van schuifelende voeten, het voelen van een zachte aanraking op je derde oog of ergens op je lichaam, of het horen van ademhaling. Wezens kunnen verschijnen in niet-fysieke, interdimensionale vormen zoals sprankelende lichten, bollen, energievormen, donkere of wazige vormen of ze kunnen volledig fysiek van aard zijn. Er wordt gemeld dat een gevoel van diepe liefde meestal aanwezig is tijdens deze interacties, of telepathische communicatie nu aanwezig is of niet.

Andere fenomenen met uitzondering waarnemingen in de lucht:

- Temperatuurveranderingen - je lichaam of de omgeving kan vele graden opwarmen of afkoelen.

- Drukveranderingen - meestal gevoeld in de oren. Dit kan duiden op een ET-schip boven de grond.

- Weersveranderingen - zoals een afname of toename van de wind.

- Lichaam - schokken of trillingen, lichaamspijn of oncontroleerbare rusteloze agitatie.

- Lichaamshaar dat rechtop gaat staat/kippenvel.

- Geluiden - zoemen, klikken, neuriën, dieren die reageren op de aanwezigheid van mensen en ET.

- Gevoelens van liefde zo sterk dat mensen ontroerd worden.

- Elektronica of licht dat spontaan in- of uitschakelt, nummers die zelf op apparaten worden afgespeeld.

- Wolken - vormen, kleuren, afwijkende bewegende / gekleurde wolken.

Tips

- Moedig mensen aan om waarnemingen en verschijnselen te delen wanneer ze gebeuren. Mensen zijn vaak verlegen en willen de groep niet storen. Stel mensen gerust dat het gunstig is voor de hele groep als ze delen, maar als je het gevoel hebt dat iemand te nerveus is, geef dan de optie om niet te delen. Het is geen verplichting.

- Mensen geloven vaak hun eigen ogen niet – vraag mensen voortdurend of ze iets hebben gezien waarvan ze niet zeker weten of het echt is of niet.

- Laat mensen delen, zelfs tijdens een meditatie, je krijgt er het gevoel voor wanneer je zegt, "cool" en ga door met de meditatie of als je stopt met de meditatie om te kijken naar meer ontwikkelingen.

Mis niet: Conventionele Nachtelijke Hemelverschijnselen

- Sterrenbeelden, sterren, planeten, Internationaal Ruimtestation, Hubble Telescoop, Noorderlicht.

- Melkweg: ga diep in het wild en zie de prachtige Melkweg.

- Atmosferische refractie: Sterren aan de rand van de horizon gezien door lagen van de turbulente lucht van de aarde lijken te "twinkelen." Bekijk deze video om de interessante effecten van breking op de zon en sterren te zien.
https://vimeo.com/188149183

Vikingen die onder het Noorderlicht varen,
Gerhard Munthe, 1899

"Waarom zijn sommige UFO-waarnemingen zo twijfelachtig? Waarom zouden ze niet super voor de hand liggend zijn? Wat is er met die 'vermeende' B.S.?

Wij zijn van mening dat waarnemingen op instapniveau moeilijk te onderscheiden zijn. Het is zeer toegankelijk voor ons. De meesten van ons hebben een ingesleten angst voor 'Aliens'. Iets zien en je afvragen of het mogelijk door de mens gemaakt is, mogelijk natuurlijke fenomenen, of misschien is de UFO niet zo eng. Waarnemingen op instapniveau dienen ook een ander doel: het is een brug voor geloof. Was dat misschien wat ik dacht dat het was? Kan ik geloven dat het een UFO kan zijn? Het helpt je en opent je zachtjes voor dit hele gebeuren. Een soort van het onkruid wieden, om ook uit de mensen die er nog niet klaar voor zijn, die het verwerpen, het is te gemakkelijk en ze denken er nooit over na. Een grote groep diverse mensen kan dus allemaal hetzelfde zien en heel verschillende interpretaties hebben. Het leven draait om het hebben van verschillende ervaringen en het creëren van de realiteit die we kiezen om te creëren. Waarnemingen op instapniveau maken elk hun eigen.

"Waarom krijgen sommige mensen iets te zien en ik niet?"

Het is vaak dat mensen naar precies dezelfde plek in de lucht kijken en één persoon zal herhaaldelijk een zeer heldere flits bulb zien afgaan, en de persoon naast hen kan niets zien. Of je besluit de CE-5 te verlaten en een paar mensen die besluiten om achterover te leunen, zien iets direct nadat je bent vertrokken. Super vervelend. Zo is het nu eenmaal. Misschien ben je er nog niet klaar voor, misschien is het gewoon niet het juiste moment voor jou, of misschien knipperde je met je ogen.

Denk na over hoe een hond dingen kan horen die we niet kunnen. Het is hetzelfde met ons zicht: onze fysieke ogen kunnen alleen een zeer piepklein bereik zien (est. 0,0035%) van wat er in het elektromagnetische spectrum bestaat. In de context van UFO's zijn de realiteits-ET's die afkomstig zijn van een ander en ver bestaan, waar ze normaal gesproken anders zijn dan de onze. De meesten van ons kunnen niet zo hoog de trilling schaal zien. Dus zij moeten zich aanpassen of we moeten er ons voor openstellen. Je bereik verbreden, zoals velen hebben gedaan. Met intentie en groei zie je dingen die je voorheen niet kon zien. Ik was vroeger jaloers op iemand in onze groep die regelmatig lichten en bollen om hem heen zag. Nu zie ik regelmatig glitters en kleine 'flashbulbs' om me heen. Na enige tijd ben jij ook zover. Probeer toch enthousiast te zijn voor degenen waar jaloers op bent als ze iets zien dat je ook wilde zien.

"Had ik me dat net voorgesteld?" Misschien, misschien niet. Het is de moeite waard om te rapporteren aan de groep.

"Maar misschien was het een truc van het oog?" Misschien, misschien niet. Nog steeds de moeite waard om verslag uit te brengen aan de groep.

> Opmerking voor de leider: je moet echt je richtingsstem oefenen. Ik heb dingen gezien en praat hardop tegen mezelf denkend dat we allemaal een groepservaring hadden en kwam er later achter dat niemand naar me luisterde, en daarom misten de meeste mensen in de groep de waarneming van de nacht! Wees bevelend: stel directe vragen en krijg antwoorden: "Kijk daar!" "Wie heeft dat gezien?" "Houd je ogen op dit licht - er is iets anders aan." Naarmate je oefent, zul je een gevoel hebben voor wat het waard is om er meer aandacht aan te besteden.

MEDITATIES

Mediteren heeft veel wetenschappelijk gevalideerde voordelen:

- Ontspannend en kalmerend
- Vermindert, stress, angst, depressie, pijn, slapeloosheid
- Verhoogt het vermogen om helderder en sneller te denken
- Verdikt de hersenschors van de hersenen en verbetert het geheugen en de concentratie
- Verhoogt het vermogen om te voelen
- Versterkt telomeren in DNA die verantwoordelijk zijn voor een lange levensduur
- Creëert nieuwe neuronen (tot 30.000 per maand, een enorme hoeveelheid hersenkracht)
- Verhoogt het hersenvolume (hersenen krimpen normaal gesproken met de leeftijd)
- Krimpt de amygdala, het vecht- of vlucht gedeelte van de hersenen (wow!)

Mediteren en CE-5

Mediteren helpt je om te verbinden met het één geest bewustzijn. Wanneer je leeg raakt (of juist verbindt met alles, op welke manier je er ook aan wilt denken), ben je in een pure staat van bewustzijn die niet gebonden is door tijd of ruimte. Zodanig is communicatie naar iedereen, op elk moment en ruimte mogelijk. Bovendien dient meditatie als een hulpmiddel om het kanaal te wissen en de apen geest, monkey mind, te temmen, zodat willekeurige gedachten uitgaande of inkomende berichten niet verstoren of vervormen. Dus, hoe meer je mediteert, hoe beter je telepathisch kan communiceren met onze sterren vrienden. Tijdens een CE-5 raden we aan om ten minste je ogen gesloten te houden tijdens de meditatie om echt intern te focussen en in het één bewustzijn te komen.

Lezing uit dit hoofdstuk

Dit hoofdstuk heeft verschillende voorbeelden van meditaties/ groepsoefeningen van bijdragers over de hele wereld. Je kan dit handboek meenemen naar het veld en voorlezen aan je groep.

Opgenomen meditaties afspelen

U kan meditaties spelen voor iedereen op een apparaat. (Op deze manier kun je ook meedoen.) Er zijn meditaties op de ET Contact Tool-app en een nieuwe YouTube-video online converteren naar een mp3 door te zoeken naar een converter in Google (zoals https://ytmp3.com/).

Channeling als groep:

Een lid van onze groep had het geluk om op een energie activerings reis naar Egypte te gaan met Sixto Paz Wells. Hij vroeg Sixto om CE-5 advies. Sixto zei dat het absoluut noodzakelijk is om ET-communicatie als een groep te leren kanaliseren. Om dit te doen, stelde hij voor om te mediteren samen met de bedoeling om berichten te ontvangen. Deel vervolgens na de meditatie je ervaringen met elkaar. Als iemand een duidelijke en directe boodschap krijgt, kan dat communicatie zijn. Wanneer meerdere mensen dezelfde informatie ontvangen, weet je dat je een bevestigd bericht hebt. De berichten zijn altijd positief, en nooit een waarschuwing of over een catastrofe.

Uw meditaties

Voordat je naar de voorbeeld meditaties in deze sectie kijkt, moet je bedenken dat de beste meditatie er een uit je eigen hart is. Het verzinnen van je eigen meditatie is eenvoudig. Je kunt het van tevoren opschrijven, of het onderweg verzinnen met de groep. Omdat er tijdens meditatie veel pauzes zijn om te ademen en een lekkere relaxte sfeer te cultiveren, is er veel tijd om na te denken over wat je nu moet zeggen. Als het niet zo glad is of als je het verknoeit, kun je allemaal lachen, wat ook de juiste sfeer creëert.

Hoe te mediteren

Mediteren is simpel. Het is FOCUS. Je kan je focussen op:

- Muziek
- Geluid
- Bedoeling
- Leegte
- Verbinding met iedereen
- Mantras
- Ademhaling
- Een gevoel, zoals waardering
- Een deel van het lichaam, zoals je hartcentrum
- De blauwe licht essentie van jezelf voor je derde oog
- Pranische energie inademen en uitademen naar je lichaam

Begin met 5 minuten per dag, eenmaal per dag gedurende een maand, en ga dan twee keer per dag tot 5 minuten oefenen. Verhoog tweemaal daags tot ongeveer 15 minuten. Probeer je op drukke dagen aan de gewoonte te houden: ga zitten, al is het maar voor 5 minuten. 5 minuten per dag is beter dan 20 minuten eenmaal per week. Wees niet ontmoedigd als je niet meteen een verandering of effect voelt. Het is even wennen. Probeer binaurale beats in het Theta-assortiment om je hersenen te helpen ontspannen in diepe meditatie. Je kan iets proberen dat lijkt op meditatie, zoals kleuren, wandelen, muziek afspelen of een ritje maken. Als meditatie gewoon niet je manier is, is dat ook goed. Hoewel het gunstig is, is het niet essentieel.

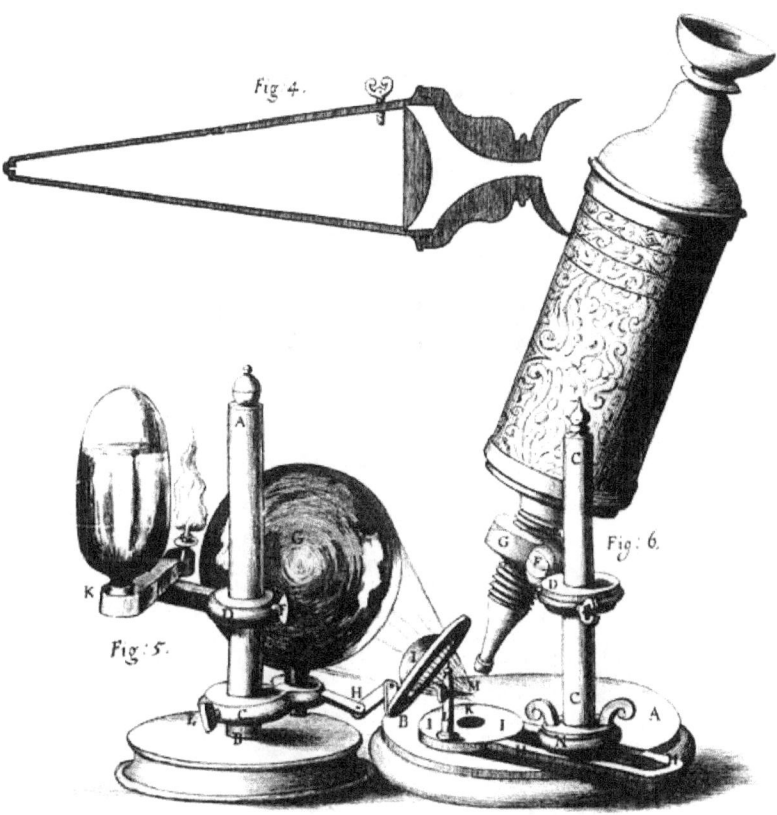

Robert Hooke's Microscope 1665

"Er is veel meer bewijs dat groepsmeditatie oorlogen kan uitschakelen, net als een lichtschakelaar, dan er bewijs is dat een aspirine hoofdpijn verminderd."

—John Hagelin

De geavanceerde groep:

Een van de redenen waarom CE-5 zo goed werkt, is vanwege het fenomeen groepsmeditatie. Er zijn verschillende studies die aantonen dat wanneer we als groep gaan mediteren, ze erg krachtig zijn. Van groepsmeditatie (ook bekend als het Maharishi-effect) is aangetoond dat de criminaliteit, zelfmoorden en sterfgevallen in omliggende gebieden tussen 13% en 82% verlaagt (met een gemiddelde van +70%) tijdens de sessies.

Dr. John Hagelin is kwantumfysicus en president van de Maharishi University of Management in Fairfield, Iowa. Hij zegt:

"Meer dan vijftig demonstratieprojecten en drieëntwintig studies gepubliceerd in toonaangevende peer-reviewed tijdschriften hebben aangetoond dat deze nieuwe op bewustzijn gebaseerde benadering van wereldvrede de etnische, politieke en religieuze spanningen in de samenleving neutraliseert die leiden tot misdaad, geweld, terrorisme en oorlog. De aanpak is getest op lokaal, staats-, nationaal en internationaal niveau, en het heeft elke keer gewerkt, wat resulteerde in zeer significante dalingen van negatieve sociale trends en verbeteringen in positieve trends. Grote groepen vrede scheppende experts, die deze technologieën van bewustzijn samen beoefenen, duiken diep in zichzelf naar het meest fundamentele niveau van bewustzijn en materie, dat de natuurkunde het verenigde veld noemt. Vanuit dat niveau van leven creëren ze een vloedgolf van harmonie en samenhang die de samenleving permanent ten goede kan veranderen, zoals het onderzoek bevestigt. En deze op bewustzijn gebaseerde aanpak is holistisch, eenvoudig te implementeren, niet-invasief en kosteneffectief." (Zie http://www.permanentpeace.org voor meer informatie.)

Zondag Meditaties

Er zijn verschillende groepen over de hele wereld die op zondag mediteren en vreedzame verandering voor de planeet visualiseren. Ga naar:

> http://www.globalunitymeditation.com/
> https://www.facebook.com/groups/128179887330632/
> http://2012portal.blogspot.com/2016/08/make-this-viral-weekly-ascension.html

Meer informatie:

> http://www.worldpeacegroup.org/washington_crime_study.html
> http://thespiritscience.net/2015/06/18/studies-show-group-meditation-lowers-crime-suicide-deaths-in-surrounding-areas/
> https://www.thewayofmeditation.com.au/scientific-evidence-mass-meditation-can-reduce-war-and-terrorism
> https://www.youtube.com/watch?timc_continue=36&v=wJ0O1FTn9RQ

We willen ook vermelden dat het aantal groepen dat meditatie sessies over de hele wereld houdt, groeit. Wanneer geest en hart gezamenlijk gericht zijn op vrede, op vriendelijkheid voor dieren, internationale harmonie, wederzijds respect, milieubehoud, welvaart voor iedereen, wat je maar wilt voor je wereld, wordt de energie exponentieel uitvergroot en brengt elke dag de manifestatie van die idealen dichterbij. De waarde van gebed en actieve of verre deelname aan meditatiegroepen kan niet worden overschat.

- Matthew's Messages, Feb 14th, 2018

Visie van een nieuwe wereld (Dr. Greer)

Houd elkaars handen vast en zie dat er een perfecte cirkel van licht gevormd is.

Voel de diepe rust in ons, en de stilte en stilte. Word je er in je innerlijke ogen van bewust dat er een transdimensionaal interstellair schip om ons heen is en dat we erin zitten. Er zijn buitenaardse wezens die met ons mediteren, en we zien deze prachtige ring van licht terwijl we elkaar vasthouden.

Onder ons worden ET-levensvormen verschoven voorbij de oversteekplaats van licht en ze houden elkaars hand vast.

Als we samen in deze zuivere staat van stilte gaan, zien we diep in ieder van ons een fontein van zuiver licht: bewustzijn gemaakt in licht. Het stijgt op door onze chakra's die worden versterkt door het licht van de aarde en de kracht van Gaia en het bereikt ons hartniveau. Dan stijgt het op naar ons kruinchakra en het barst naar boven naar de ruimte boven ons.

Het is een perfecte lichtkolom. Eerst projecteren we elk van ons afzonderlijk deze kolommen, en dan mengen onze kolommen zich ineen en dit licht gaat van links naar rechts rond de cirkel, en wordt een enorme straal hemellicht die omhoog gaat in de ruimte en de stratosfeer doorboort.

Dit licht verspreidt zich, ons licht en de goedheid in de aarde en de mensheid en ons volledige potentieel van verlichting verspreidt zich van deze plek naar elke ster, elk sterrenstelsel en elke intelligente levensvorm in de kosmos.

We vragen de Grote Geest die oneindig en grenzeloos is om dit prachtige licht te vergemakkelijken als een straal die omhoog gaat, om een gids te zijn voor beschavingen die in staat zijn om interstellaire reizen te maken om naar deze plek te komen op aarde. Uiteindelijk zien we deze lichtstraal een uitgestrekt interstellair centrum binnengaan. Het is duizenden kilometers in diameter in de diepe ruimte. Dit is waar de ambassadeurs van andere beschavingen zich miljoenen jaren lang verzamelden.

We zien dat ze ons duidelijk aanschouwen, zelfs als we ze in onze eigen geest zien. We vragen hen dat ze zich bij ons voegen en in hun gedachte-essentie doen ze dat.

We zien dat ze door ons een kosmisch licht terugsturen dat uit het zenit van de hemelen komt in deze prachtige cirkel van mensen en door ons naar de aarde, en de aarde rinkelt als een bel.

Met de resonantie van dit kosmische licht bereikt het elke man, vrouw en kind op aarde en ze zien een nieuw visioen van een nieuwe wereld die zich vanuit ons in de fysieke aarde manifesteert.

We vragen de Grote Geest voor elke man, vrouw en kind op aarde, dat hun hart, geest en hun essentie worden gewekt tot de eenvoudige waarheden dat we één volk in de kosmos zijn en dat het tijd is voor ons om de universele beschaving en eindeloze vrede binnen te gaan.

We zien dat alle geheimen die voor de mensheid geheim werden gehouden worden onthuld. De wonderbaarlijke technologieën die de aarde in een rozentuin van vrede en overvloed kunnen veranderen worden naar voren gebracht voor het welzijn van de mens. We zien alle krachten op aarde die retrogade zijn of zich daartegen verzetten, getransformeerd door de schoonheid van deze visie. Nu aanschouwen we dit licht om sterker te worden en we zien kristallen in onze gedachtes en onze visie, een nieuwe wereld. Het zal een eindeloze en ongebroken tijd van vrede zijn voor honderdduizenden jaren. Terwijl het eerst buitengewone vrede kan zijn, de realiteit is dat het wil ontwikkelen tot het tijdperk van verlichting en na een mom van tijd, elk kind dat op aarde komt zal geboren worden in kosmisch bewustzijn en zal daardoor evalueren in godsbewustzijn. Terwijl de mens op deze manier evolueert, zien we dat we ambassadeurs worden voor andere planeten en verspreiden we verlichting van de aarde, net zoals de aarde verlichting heeft gekregen van de oude wezens voor ons. Onze harten zijn gevuld met blijdschap

met deze visie en we vragen de Grote Geest om ons te helpen om het zo te maken. We nodigen de interstellaire beschavingen uit die zo geduldig op onze komst zit te wachten om ons te helpen terwijl we beloven om hun te helpen. De kinderen op aarde worden het ingangspunt voor deze kanalen, waarop de wetenschap, visie en realiteit op de aarde manifesteert. En zo vragen we de Grote Geest dat deze mooie tijd, waarvan we in ons eigen hart weten dat dat het lot van de mensheid is, om naar voren gebracht te worden. We wijden onszelf aan elkaar en aan de aarde, aan de ruimte met alle bezoekers en aan onze broers en zussen van elk sterrenstelsel, om een nieuwe aarde te creëren, waarvan we zien dat deze eigenlijk al is ontstaan binnen het rijk van ideeën, klaar om gemanifesteerd te worden, wat onze actie vereist. Dus met een beetje moeite van onze kant wat geleid wordt door de Grote Geest, de onzichtbare rijken, de geestenwereld en de interstellaire beschavingen, wat onmogelijk lijkt wordt onvermijdbaar. We zien dat het de manifestatie van ons leven heeft waargemaakt, en onze harten zijn gevuld met liefde en blijdschap met de visie van de nieuwe wereld.

Namaste.

Wereldwijd CE-5-initiatief (Kosta)

1. Doe dit ET Contact op elk gewenst moment, overal dat handig, comfortabel en veilig voor je is.

2. Kies de plaats en de mensen die volgens jou compatibel, respectvol en enthousiast zijn over deze gecoördineerde inspanning. Als "trillingswezen" kan angst of andere sterke emoties je resultaten beïnvloeden.* Breng je goede wil, liefde, vreugde en openheid naar de ervaring. De ET's zullen je nobele positieve trillingen "oppikken". Je kan dit ook alleen doen.

3. Koppel van hart tot hart aan leden in je groep. Verspreid de liefdesenergie.

4. Stel je een sfeer van liefde voor in het midden van je cirkel met elk van je harten ermee verbonden. Projecteer deze kolom van liefde energie hoog in de lucht als een briljant levendig baken voor onze Star Friends.

5. Wanneer je in meditatie gaat, verbind je in je verbeelding van hart tot hart met alle andere Global ET Contactgroepen die overal ter wereld meedoen. Voeg dan met liefde ook onze Star Friends toe terwijl je ze uitnodigt en begeleid ze naar je locatie.

Het naar je locatie leiden door je bewustzijn naar hen uit te projecteren en visualiseren hoe te reizen van de locatie van onze zon in ons zonnestelsel naar onze aarde.

Als je het in je verbeelding benadert, zoom je steeds dichter in op je specifieke locatie aan de oppervlakte. Laat ze de beelden zien van waar je te vinden bent!

6. Vraag onze ET-vrienden mentaal en met je hart wat jij en wij in samenwerking met hen kunnen doen om een genezing voor onze planeet Aarde tot stand te brengen.

Nodig hen uit om meer deel te nemen aan onze menselijke aangelegenheden en te erkennen dat het niettemin de verantwoordelijkheid van de mensheid is om haar problemen op te lossen.

7. Vergeet niet dat ET Contact in vele vormen kan komen. Het kan een waarneming zijn van een Starcraft, een lucide droom, een telepathische boodschap, een aanraking op de schouder of knie, raar elektrisch fenomeen met communicatieapparatuur of lichten, en nog veel meer.

8. Voeg een CE-5 Event Experience toe aan de ET Let's Talk rapport archieven!

*OPMERKING: Hoe u uw CE-5-ervaring benadert, is VAN CRUCIAAL BELANG.

Als je een houding van angst, diepe scepsis, vijandigheid, close-mindedness hebt ... de kans is groot dat je faalt bij het maken van contact.

Universele eenheid

Sluit je ogen en haal drie keer diep adem en adem elke keer uit met een zucht.

Blijf je concentreren op je adem: adem bij elke inademing de lichtenergie in die je omringt. Laat bij elke uitademing alle zorgen van de dag los, de strijd om te overleven, alle stress en negativiteit... Niets te doen, nergens heen te gaan, niemand om indruk te maken. Adem vrede in, adem de vrijlating uit.

Luister naar de wind van de bomen ook al zijn er geluiden van luchtverkeer of anders, of het gezoem van elektriciteit, afhankelijk van waar je ben. Breid je bewustzijn naar buiten uit met je vrienden naast je, de bomen en dieren om je heen, de mensen in auto's op de snelweg daarachter, de drukke steden en landen ver weg. Je bent elke persoon en alles, en je voelen hoe het is om over de snelweg te rijden, een kind te zijn dat in het park speelt of om je bladeren in je boomtop te laten ritselen.

Je bewustzijn breidt zich verder uit, inclusief uitgestrekte stukken land en oceanen, naar de ruimte, waarin je ons zonnestelsel en oneindigheid omarmt, waar je het diepe gezoem van planeten rond hun zonnen horen draaien, sterrenstelsels voelen draaien en zacht gekleurde nevelwolken zien. Je bent uitgestrekt, diepe ruimte... jullie zijn de wonderen van de natuur: planeten, manen en sterren, bossen, watervallen en getijden, wereldbewoners. Hoor zowel de wind in de bomen in de buurt als de muziek van het universum. Jij bent alles en iedereen.

Stort dit bewustzijn in de ruimte vlak voor je derde oog. Verwijder je persoonlijkheid, je individualiteit, de afleidingen van je omgeving, je gedachten. Je bent in de leegte, drijvend in het donker. Je bent origineel bewustzijn. Je voelt de vrede van oneindige liefde... je bent de ultieme realiteit, dat is gelukzaligheid.

Gedachten en beelden kunnen doorkomen, en je laat ze gaan en keert terug naar dit ene punt van focus en bewustzijn. Je bent het enige bewustzijns punt geworden dat hetzelfde bewustzijn is dat wordt gevoeld door elke andere persoon op aarde, elk ander wakker en bewust wezen. Je ontspant in dit rustige bewustzijn terwijl het je gelijk maakt en je verbindt met universele.

Elke moment is een meditatie (Matt Maribona)

Matt ontdekte hoe hij zelf contact met ET kan maken vele jaren voordat hij de CE-5-gemeenschap vond. Zijn voorbeeld laat ons zien dat ieder van ons zijn eigen unieke weg naar contact kan vinden.

CE-5 is niet zomaar een term; het is een praktijk van liefde, saamhorigheid en integriteit. CE-5 draait om het unieke, liefdevolle en vreugdevolle JIJ zijn. CE-5 is slechts het begin van een geweldige reis die je zal helpen de wereld te veranderen zoals we die kennen. CE-5 meditatie mag geen begin of einde hebben. CE-5 gaat gewoon over zijn. Daarbuiten in het universum zijn een oneindige mogelijkheid van wonderen. Binnen de sterrenstelsels en sterren en planeten bevinden zich andere unieke, liefdevolle en vreugdevolle wezens, net als wij, die gewoon zijn. Ze wachten op ons om te beseffen hoe speciaal onze wereld en al het leven echt is. ZE komen in wijsheid en mogelijkheden om een groot licht op je te schijnen. Het enige wat we moeten doen is ons verenigen en dat op onze wereld en onszelf laten schijnen. Elke dag als we wakker worden, zouden we ons goed moeten manifesteren in elk van ons leven. Onze gedachten zijn zeer krachtig en kunnen worden gebruikt om de realiteit waarin we leven te creëren. Alles is bewustzijn. We creëren onze realiteit met deze gedachten. We zijn in wezen wat we denken. Als soort kunnen we samen een wereld creëren die liefde voor alles en iedereen eert. Het begint met JOU. Gedurende de dag en in onszelf zouden we de verandering moeten zijn die we in de wereld willen zien. We moeten aardig tegen elkaar zijn.

We moeten voor onze wereld zorgen en verantwoordelijkheid nemen voor onze acties. Lach meer, help een vreemde een handje, doe goede daden, draag overal hoop, toon liefde aan alles. Deze wereld is een paradijs en alles is voorzien. Scheiding houdt ons tegen. Scheiding van onszelf, elkaar, de wereld en het universum. We zijn geliefd en het enige wat we moeten doen is gewoon zijn. Aan het eind van de dag, wanneer de sterren naar buiten komen om voor je te schitteren, hoef je alleen maar te zeggen: "Hallo, ik ben hier vanwege liefde en hoop." Je dagelijks leven is de meditatie. Het hart dat in je klopt is het enige dat telt. Zodra je dat hartcentrum hebt gevonden, hoef je alleen maar omhoog te kijken en te zeggen: "Hier ben ik, wil je met me mee?" Zo is het genoeg. Wanneer je contact maakt, zul je zien dat liefde het enige is dat telt en alles wat met liefde wordt gedaan, wordt gedaan met de beste intentie, een open geest en een open hart. Hoe meer er zijn die van dezelfde frequentie en trilling zijn, hoe diepgaander de ervaringen zullen zijn. Hoe meer je je licht laat schijnen, hoe meer ze terug zullen schijnen. Ze wachten daar op ons, zelfs nu je dit leest. Je bent geliefd. Toon ze wat liefde in ruil. Doe het samen. Wees gewoon.

Gouden eeuw

Haal drie keer diep adem en laat alle stress en strijd van je dagelijks leven los. Aard jezelf op de aarde en voel je verbinding met de diversiteit van Gaia, de mensheid, alle wezens in het universum en met Bron. Neem even de tijd om je te centreren en je te vestigen in je ware zelf. Adem en ontspan diep.

Sluit je nu aan bij gedachten en harten met iedereen in de groep. Zie de evolutie en progressie van de mensheid voor. Voel je bewustzijn van de wereld zoals die nu is, klaar voor de utopie die komt. Het is een geschenk en een eer om op dit moment in menselijke vorm te zijn op deze planeet. In je hoofd, zie de vloeiende vooruitgang van de voortdurende dageraad van het nieuwe tijdperk voor ons. Zie corrupte leiders en manipulators van de wereld vreedzaam aftreden en verantwoordelijk worden gehouden voor hun acties. Bekijk populaire media die zijn vrijgegeven uit de greep van de controle en laat kritieke informatie vrij aan iedereen. Wees getuige van de langzame en gestage onthulling van de aanwezigheid van onze sterrenfamilie. Koester het zien van hoop en opluchting op ieders gezicht wanneer ze beseffen dat we niet alleen zijn. Terwijl de kritische massa mensen deze nieuwe realiteit accepteert en omarmt, zie je wetenschappers werken, onbezwaard, de technologieën implementeren die ons al zijn geschonken, vrije energie naar de wereld distribueren. Zie de wereld baden in harmonie en liefde. Geniet van de overvloed en vrede die voor iedereen beschikbaar zal zijn.

Stel je voor wat je gaat doen in die nieuwe wereld. Beeld je in als krijgsgevangenen die worden vrijgelaten... slaven bevrijd... ziekte genezen... de hongerigen gevoed... gratis energie voor iedereen... communicatie met wezens uit andere werelden... hoe je huis eruit zal zien... hoe je eigen persoonlijke ruimteschip eruit zal zien... vakanties naar de sterren of over de hele wereld... hoe je dag eruit ziet... waar je je energie voor het werk zet... en wat je doet om te spelen... richt je geest op wat je hart in vuur en vlam zet!

Open jezelf om inspiratie van je hogere zelf te horen over welke actie je ondernemen om deze verandering te faciliteren. Neem even de tijd om te luisteren voor begeleiding over hoe je het meest effectief zult deelnemen aan dit vreugdevolle proces.

Weet dat deze mooie visie op de toekomst eraan komt; Het is gewoon een kwestie van wanneer. Tover gevoelens van waardering en vrede op voor deze realiteit dat al bestaat in tijdloze flow.

Ontmoet een wezen

Creëer een intentie dat je groep een meditatie zal doen waarbij je een wezen ontmoet ter voorbereiding op eventueel face-to-face contact. Heeft de groep nagedacht over wat voor soort wezen ze zouden willen ontmoeten: Menselijk zoals? Niet-menselijk zoals? Sommigen om uit te kiezen: Pleiadians, Nordics, Apunians, Hathors, Lion Beings, Arcturians, Avian Beings, Benevolent Greys and Reptilians, etc.

Als alternatief kunnen ze leden van het ET-team ontmoeten die zijn toegewezen aan jouw CE-5-groep of hun persoonlijke ET-afgezant.

(Grappig weetje: Paul Hellyer, één van Canada's vroegere ministers van Defensie, zegt dat er 82 aliensoorten zijn die de aarde hebben bezocht.)

Open de meditatie met elke vorm van ademhaling of ontspanningsoefening. Je door een spier spannende en ontspannende oefening bewegen, of je een visualisatie gebruiken om in een lift te stappen en tien verdiepingen af te tellen, steeds meer ontspannen te worden met elk niveau dat wordt gepasseerd. Het is vooral belangrijk om tijdens deze meditatie zo ontspannen mogelijk te zijn, dus neem de tijd voor dit deel, maak er ongeveer de helft van de hele meditatie van.

Het doel is om net zo ontspannen te worden als de staat waarin we ons allemaal bevinden vlak voordat we wakker worden: dit is vaak het meest ontspannen moment in onze dag.

Zodra je iedereen in een diep ontspannen staat hebt gebracht, laat je elke persoon een veilige plek creëren waar ze een buitenaards wezen willen ontmoeten. Het kan een heilige plek zijn, een park, een weide, het strand waar Jodi Foster haar "vader" ontmoette in de film Contact, een Galactic Space Station, enz. Als je de lifttechniek gebruikt, laat de deuren dan open gaan naar deze veilige plek. Als elke persoon deze ruimte binnenkomt, laat je ze de details uitwerken: de bezienswaardigheden, de geluiden, de geuren, de grond onder hun voeten. Laat ze naar de plaats lopen waar ze het wezen zullen ontmoeten. Laat elke persoon zijn uitnodiging maken zoals hij of zij dat wil: een telefoongesprek, een telepathisch gesprek, een schriftelijke uitnodiging, een e-mail, enz. Visualiseer het ontvangen van het bericht en begin onderweg.

Stel je nu het eerste niveau van contact voor. Bekijkt het een ruimteschip ver weg? Zie je het wezen aan de rand van het uiteinde van het strand staan? Ga daar even bij zitten. Acclimatiseer eraan en blijf ademen en voel je diep ontspannen.

Zeg nu tegen de groep dat ze het wezen vragen om dichterbij te komen. Geef de groep ongeveer vijf minuten om verbinding te maken met het zijn op het tempo die het meest comfortabel is voor hen. Herinner ze eraan om hun staat van diepe ontspanning te blijven cultiveren. Wijs je groep erop dat elk de controle heeft over deze interactie en dat ze het wezen kunnen vragen om op elk moment te benaderen of zich terug te trekken. Vertel hen dat als dingen ongemakkelijk of angstig aanvoelen, om in de gevoelens te ademen en die gevoelens weg te laten smelten, ze te vervangen door vertrouwen, liefde en waardering.

Nadat de tijd is verstreken, instrueer de groep om hun communicatie met het wezen af te ronden.

Laat ze het wezen bedanken en luisteren naar de reactie van het wezen. Als het wezen weggaat, herinner de groep eraan om door te gaan met dat gevoel van ontspanning. Vraag hen om kennis te nemen van hoe ze zich voelen: zijn ze onder de indruk van hun vermogen om hun eigen emoties te beheren en deze interactie te laten plaatsvinden? Voelen ze waardering voor wat ze voelen, is het een representatie of echte interactie van welwillendheid en liefde? Laat ze koesteren in de warmte van deze interactie nadat ze weg zijn.

Breng elke persoon voorzichtig terug naar onze gedeelde realiteit. Als je een lift rit hebt gemaakt, ga dan terug de verdiepingen op en voel je wakker naarmate je elke verdieping passeert. Nodig mensen uit om vingers en tenen te wiebelen als ze dat willen, en of om een paar keer diep adem te halen terwijl ze teruggaan naar uw locatie.

De Hathors hielpen het volk van het oude Egypte. Deze voorstelling is van een muziekinstrument, 664 – 525 B.C.

Snelle CE-5 meditatie (Deb Warren)

Deze meditatie is te vinden op: https://www.youtube.com/watch?v=spkk6TwWpzg&feature=youtu.be

1. Zie een grote gouden bal van energie vormen op je hartchakra, groter en helderder worden, dan beweegt het van links naar rechts rond de cirkel, in een richting tegen de klok in, door het hartchakra van elke aanwezige persoon. Het draait sneller en vormt een gouden ring, en onze groep begint zich coherenter te voelen, dan draait het nog sneller afvlakken naar een gouden schijf, en we beginnen ons nog coherenter te voelen, we zijn een groep die deze reis samen maakt.

2. Nu beginnen we als groep de mantra te chanten: Im Na Ma. Im Na Ma, Im Na Ma, terwijl ik de Merkabah tetraëder in onze gedachten vorm. En de schijf springt nu uit op een gouden ET-vaartuig, dat ons allemaal omringt. Het begint zachtjes omhoog te zweven met onze astrale / lichte lichamen, en komt tot stilstand net boven ons.

3. En nu ... We gaan hyper springen.

4. We bevinden ons nu in een geostationaire baan hoog boven onze locatie op aarde. We kunnen nog steeds de zon zien schijnen op de Stille Oceaan in het westen. We kunnen ook zien dat de aarde verandert in duisternis in het Oosten. Een stukje van de maan kan zichtbaar zijn [lokaliseer deze instructies voor uw gebied]. Zoek naar de planeet Saturnus, als een zeer heldere ster, het kan links [of rechts] van de zon zijn, dat is onze bestemming.

5. En nu... We gaan hyper springen.

6. We staan nu boven de ringen van Saturnus, en we kunnen een groot ET-ruimtestation zien in een baan tussen de ringen en de planeet. Het ruimtestation is 40 kilometer lang en vele verdiepingen Hoog, hoog. Ons ET-vaartuig is zachtjes op weg naar een zeer groot hangardek. Er zijn veel, veel ET-vaartuigen die van de dek komen en gaan. We gaan de hangar binnen en zoeken een plek om te landen. ons gouden schip. We landen zachtjes en het gouden schip vervaagt.

7. Deze plek is als Grand Central Station. Het zit vol met vele, vele wezens, die allemaal komen en gaan. We zijn omringd door massa's wezens. Veel verschillende soorten. Niemand lijkt onze aankomst op te merken, en we weten niet waar we nu heen moeten.

8. We komen samen als een groep, die stil staat. Het verzenden van deze telepathische boodschap: we zijn mensen van de aarde en dit is de eerste keer dat we naar dit ruimtestation zijn gekomen. We hebben hulp nodig. Stuur iemand om ons te begeleiden.

9. Bijna onmiddellijk kunnen we een groep ET's spotten, die zich een weg banen door de menigte. Al snel staan ze recht voor ons, wenkend met een vinger, om aan te geven dat we ze moeten volgen. Dat doen we.

10. We worden naar een zijkamer op het hangar dek gebracht en een deur wordt gesloten, en plotseling is het geluid van buiten er niet meer en is het stil. Er is hier ten minste één ET om met elk van

ons te communiceren, en er kunnen er meer dan één voor elk van ons zijn. Je kan vragen om een rondleiding door dit ruimtestation, je kan om uitleg vragen en er wordt een weergaveapparaat geproduceerd om je te helpen begrijpen. Mogelijk wordt je gevraagd om naar een grote vergaderruimte te gaan en een presentatie te maken. Ik geef je nu een paar minuten om deze ervaringen te hebben, en hoe tijdrovend je ervaring ook is, deze paar minuten zullen alle tijd zijn die je nodig hebt.

11. Ik zal nu zwijgen terwijl jij je ervaring hebt.

12. Tip voor facilitator: wacht een paar minuten. Je zult voelen wanneer iedereen klaar is met zijn ervaring, en dan begin je aan de terugreis terug naar de aarde. Zorg ervoor dat je ook een ervaring hebt op het ET Space Station.

13. Waar je ook bent of wat je ook doet, maak het je intentie om terug te keren naar de groep die op je wacht... Zeg vaarwel tegen de ET's, laat ze je dankbaarheid voelen, laat ze voelen hoe blij je bent, laat ze weten of je bereid bent om terug te keren.

14. We staan in een cirkel, iedereen is terug.

15. Zie een grote gouden bal van energie vormen in je hartchakra, groter en helderder worden, dan beweegt het van links naar rechts rond de cirkel, in een tegen de klok in richting, door het hartchakra van elke aanwezige persoon. Het draait sneller en vormt een gouden ring, en onze groep begint zich coherenter te voelen, dan draait het nog sneller afvlakken naar een gouden schijf, en we beginnen ons nog coherenter te voelen.

16. Nu beginnen we als groep de mantra te chanten: Im Na Ma. Im Na Ma. Im Na Ma. En de schijf springt nu uit op een gouden ET-vaartuig, dat ons allemaal omringt. Het begint zachtjes omhoog te zweven, draagt onze astrale /lichte lichamen, en voert ons uit het hangardek, en komt tot stilstand boven de ringen van Saturnus. We zoeken naar de lichtblauwe stip die de aarde is.

17. En nu... We hyper springen.

18. We bevinden ons nu weer in een geostationaire baan net boven onze locatie hier op aarde, opnieuw zien we de zon op aarde schijnen, en nu beschouwen we de locatie direct onder ons.

19. En nu... We hyper springen.

20. Ons gouden schip bevindt zich net boven ons fysieke lichaam en het drijft nu naar beneden en brengt onze astrale / lichte lichamen terug naar ons fysieke lichaam. En dan vervaagt het gouden vaartuig.

21. Wanneer je klaar bent, haal dan diep adem, open je ogen en beweeg je lichaam om aan te geven dat je bent teruggekeerd.

22. Iedereen moet zwijgen totdat iedereen is teruggekeerd.

23. Wanneer iedereen is teruggekeerd, nodig dan mensen uit om commentaar te geven op elke ervaring die ze tijdens de meditatie hebben gehad. Niemand is verplicht om te delen. Vraag of er iemand in de groep was die helemaal geen ervaring had.

In de volgende gebeurtenis richt je je aandacht op die ene persoon en zorg je ervoor dat ze deel uitmaken van de groep. Je mag anderen ook vragen om zich te focussen op deze niet-ervaren mensen.

Interplanetaire raad

Uit het boek *Evolutie Door Contact* door Don Daniels
Ga voor meer informatie over zijn boek en toegang tot andere bronnen naar de website van Don op:
http://www.becomingacosmiccitizen.com/index.html

Ga comfortabel zitten in een stevige of licht gewatteerde relatief rechtopstaande stoel, met je voeten gescheiden en je handen op schoot, handpalmen naar beneden. Neem een reeks van ten minste zeven langzame, diepe ademhalingen, adem zo langzaam en diep mogelijk in, pauzeer dan zo lang als je comfortabel kunt, en adem dan langzaam en diep uit, en pauzeer opnieuw zo lang als comfortabel.

Ga verder, concentreer je op je ademhaling, totdat je in een diep ontspannen toestand bent. Visualiseer nu je adem die door de bovenkant van je hoofd komt (als een dolfijn), door je hele lichaam stroomt en door de basis van je wervelkolom en de zolen van je voeten naar buiten stroomt wanneer je uitademt. Sta je adem toe om pure liefde en mededogen binnen te brengen en alle negatieve gedachten aan emoties uit te ademen, op deze manier zuiver je jezelf met elke ademhaling.

Begin je nu te concentreren op de pauze tussen de ademhalingen, en je zult merken dat er in de pauze een moment van diepe, diepgaande stilte is. Ga voorzichtig in die stilte en laat het bij elke ademhaling langer en langer uitzetten, totdat uiteindelijk de stilte de hele adem zal vullen. Word je bewust van het bewustzijn zelf, niet van het verdwaalde geluid dat je hoort, maar dat waarmee je dat geluid hoort. Op deze manier zullen geluiden geen afleiding zijn, maar gewoon een erkenning van je verbinding met het fundamentele bewustzijn dat elke bewuste bewuste entiteit in het universum doordrenkt. Laat dan het geluid gaan, en keer terug naar het focussen op het communiceren met de diepe, diepe stilte die begint tussen de ademhalingen, want dit is je verbinding met het Kosmische Bewustzijn, het collectieve bewustzijn van het Universum zelf.

Stel je nu voor dat je een dolfijn speelt in de oceaan, springt en draait en duikt, gewoon voor de pure vreugde ervan. Geniet van de vreugde van je waarnemingen en je vrijheid. Duik diep in die zee van zuiver bewustzijn, en zwem dan zo snel mogelijk omhoog, spring in de lucht en blijf gewoon doorgaan, sneller en sneller door de atmosfeer, langs de maan, langs onze planeten en uit ons zonnestelsel. Zie de sterren sneller en sneller passeren, totdat je in de intergalactische ruimte bent en naar alle prachtige sterrenstelsels om je heen kijkt. Communiceer met de diepe stilte en overweeg wat een prachtige universum-Schepper heeft gemaakt. Begrijp hoe we allemaal verbonden zijn door die schepping en door onze verbinding met kosmisch bewustzijn, en hoe we allemaal zo "Één" met elkaar zijn!

Geef nu de intentie dat je de Interplanetaire Raad wilt bezoeken, en laat je bewustzijn je in de juiste richting brengen. Je reist met de snelheid van bewustzijn, dus je moet vrij snel aankomen. Let bij je nadering op je indrukken van het ambacht of gebouw. En nu, vraag toestemming om naar binnen te gaan. Hoogstwaarschijnlijk zal iemand je begeleiden, of zal je gewoon binnen zijn.

Begroet alle gidsen met respect en nederigheid, leg uit dat je als burger vertegenwoordiger van de aarde wilt bezoeken en vraag of je de raadskamers mag bezoeken. Ga met dezelfde eerbied naar binnen alsof je een algemene vergadering van de Verenigde Naties bijwoont. Je wordt hoogstwaarschijnlijk naar de kijk galerij geleid. Vanaf hier, geniet van de look en feel van de kamers. Hoe groot is de kamer, welke vorm is het, hoe hoog is het plafond, hoe zijn de muren en van welke materialen lijkt het te zijn gemaakt? Is er een tafel of onderhandelingsruimte, hoe ziet het eruit? Liggen er voorwerpen op tafel of eroverheen?

Let nu vooral op alle diplomaten die aanwezig kunnen zijn. Welke indrukken krijg je ervan? Let op hun fysieke uiterlijk, en ook op eventuele emotionele indrukken of telepathische berichten of vertoningen die je zou kunnen ontvangen. Misschien maak je een connectie met een van de diplomaten. Bied je bereidheid om te helpen met de evolutie van de mensheid tot het punt waarop we volwaardige galactische burgers kunnen worden. Word nu opmerkzaam op welke indrukken je terugkrijgt.

Nu, bedank en dank dat je mag komen, en bereid je voor om je verlof op te nemen. Laat je bewustzijn terug naar buiten gaan, en snel terugvliegen naar ons sterrenstelsel, naar onze zon, naar onze aarde en terug naar je lichaam. Je bewustzijn kent de weg en zal niet verdwalen. En nu, langzaam en zachtjes beginnen terug te keren naar het normale wakkere bewustzijn, geleidelijk meer wakker worden met elke ademhaling.

Terwijl alles vers in je hoofd is, maak je aantekeningen van indrukken en leg je het notitieblok naast je bed. Je zult de komende weken zeer waarschijnlijk inzichten en inspiraties in je bewustzijn vinden, vooral in de hypnagogische toestand wanneer je gewoon in slaap valt of wakker wordt, dus als je het kladblok bij de hand hebt, kun je aantekeningen maken terwijl elke indruk binnenstroomt.

Resonerende energie (CE-5 Aotearoa, Nieuw-Zeeland)

De basis intentie van deze meditatie is om meer uitwisseling mogelijk te maken of het downloaden van subtiele energieën die vaak het veldwerk van CE-5-teams betreden.

Aarding is belangrijk en we raden iedereen aan om tijdens dit proces met de voeten op de grond te staan. Teams kunnen ook handen vasthouden als ze dat willen, of zelfs dicht bij elkaar staan in een cirkel voor het begeleide gedeelte.

Begin met een algemene rust, vraag het team om te ontspannen, langzaam diep adem te halen en zichzelf te centreren. Adem in vrede en kalmte, en laat eventuele zorgen door je voeten naar de aarde stromen terwijl je uitademt. Vraag de aarde om zorgen weg te nemen, deze aan te pakken en ons te helpen om te concentreren op de huidige intentie. Adem in door de neus en adem uit via de mond. Vraag iedereen om zich voor te stellen / voor te stellen of gewoon "TOESTAAN", hun energielichaam / astrale handen, om snel naar het midden van de aarde te reiken, een deel van de energie van de aarde te verzamelen en deze naar de eerste chakra te brengen. Dit kan net zo snel zijn als uitademen om uw verzoek te verzenden en de energie naar boven te brengen terwijl u inademt. Meestal doen we dit DRIE keer voor elke Chakra

voordat we het activeren, omdat dit de gevoelens versterkt, maar wanneer mensen hier zeer bekend mee zijn, kan dit eenmaal per Chakra worden gedaan. Met de 3X-methode, voor de eerste twee STOP of sla de energie op bij de Chakra als je terug naar beneden gaat voor de volgende hoeveelheid. Op de 3e pas, snel OPEN je eerste RODE Chakra ontspan dan als je het zien gloeien, of spinnen etc. Blijf dan naar beneden reiken terwijl je uitademt, verzamel meer energie en breng het naast het tweede chakra, en trek de energie door de eerste terwijl je dat doet [uitlijning]. Herhaal dit proces totdat iedereen zijn Chakra's ROOD-ORANJE-GEEL-GROEN-BLAUW-INDIGO-VIOLET heeft uitgelijnd en geopend.

Vervolgens wordt de RESONANTIE van de groep geëvenaard door het delen van deze Chakra energieën in volgorde. Vraag alle aanwezigen om het licht van hun 1e, Rode chakra, door te geven aan de persoon aan hun rechterkant, waarbij ze van links de equivalente energie van die persoon opnemen. Herhaal dit snel en vraag het team om de procedure te versnellen, zodat we op dat niveau tegen de klok in een rode ring van energie vormen. Ga naar de tweede Oranje Chakra en herhaal dit proces. Ga door tot je de Kruin Violet Chakra bereikt. Nu laat het hele team hun energiecentra uniform resoneren. Deze actie moet worden uitgebreid met ANDERE AANWEZIGEN [ET, Celestial, enz.] die actief met ons samenwerken. Dit betekent dat de resonantie zich uitstrekt via BEIDE teams. Het Hartcentrum is het belangrijkste, maar het is gemakkelijk genoeg om de groep door te praten met dit proces toegevoegd voordat je begint.

Zodra deze chakra ringen zijn vastgesteld, zijn de volgende stappen om een gemeenschappelijke enkele vorm vast te stellen waardoor energieën in BEIDE richtingen kunnen stromen.

Vraag iedereen om de ringen te visualiseren "instorten" zodat ze allemaal op het niveau van het hartchakra zitten. Van de kroon naar beneden, en van de basis naar boven. Dit zal een ring maken, het laten mengen en een witte ring van licht worden, die tegen de klok in draait net toen de eerste ringen werden vastgesteld.

Stuur nu terug naar het midden van de aarde, een spiraalvormige vortex met de klok mee van deze ring. Dit is een "gids" voor wat komen gaat. Vraag de Aarde om tegen de klok in een stroom van energie terug te sturen die tweelingen met de vortex die we net hebben gemaakt; als het aankomt zien / voorstellen / toestaan dat het begint te wikkelen rond het hart Toroid, volgen

rond het strak in de richting tegen de klok in als een spoel.

Stuur nu naar boven naar degene met wie we werken, een tegen de klok in energie vortex ook als een gids om te worden gevlochten. Vraag hen om antwoord door een vortex met de klok mee te sturen die overeenkomt met het pad van onze richtlijn; als het aankomt, laat het zich om onze ring omwikkelen en loopt met de klok mee over en rond. Laat het "draaien" met elke snelheid die het nodig heeft om te resoneren.

Deze vorm is ZEER KRACHTIG en je zult aanzienlijke energiestromen ervaren.

Vraag het team om deze "visie", dit energieveld, sterk in hun gedachten te houden terwijl je je beweegt in het stille deel van de meditatie, waarin je probeert het door het team genoemde intent van CE-5-werk te vervullen. Sta de ET's/Hemelse wezens of degene met wie je wilt werken toe om met dit resonerende veld te communiceren.

Nodig specifiek relevante hemelse/kosmische energie uit om via dit proces en resonerende vorm in het team te worden geïntegreerd/gedownload, en vraag iedereen die bereid is om deze energieën te absorberen/samen te voegen, zodat ze op een nuttige manier kunnen worden gedistribueerd.

MEDITATIES ZUIVERINGEN

Energie zuiveringen, en meditaties helpen om je vibratie te verhogen en bewuster te worden van ET-communicatie van alle soorten, intern en extern. Het kan zo eenvoudig zijn als zegenen en elke cel van je lichaam bedanken, of jezelf baden in het hoogste licht. Vegen met zoetgras of salie is zeer effectief: het creëert een dichte, neutrale lading, waardoor negatieve energie vrijkomt, jezelf zuivert en een heilige ruimte wordt vrijgemaakt. Voor een uitgebreide zuivering, probeer een van deze hellingen/ zuiveringen op de volgende pagina's.

Chakra reinigen

Instructie: Begin met diep ademhalen. Ontspan je. Ga door elke chakra, één voor één, volg de onderstaande lijst. Begin bij het wortelchakra onderaan en ga naar boven. Voor elke chakra visualiseer het wordt helderder, lichter, levendiger. Adem in elke chakra en verwijder alle puin, spanning, disharmonie of immobiliteit van elke chakra. Lees de bijbehorende energieblokken van de chakra voor en laat de negatieve emoties en valse overtuigingen los die bij elk van deze blokken horen. Zie in het oog van je geest elk chakra krachtig gloeien en je lichaam verlichten met zijn overeenkomstige kleur. Voel de energie van de chakra vrij stromen of draaien.

Wortel Chakra
Basis van wervelkolom/bekkenbodem/ genitaliën - Rood - Overleving. Geblokkeerd door angst. Accepteer het gevoel van angst en weet dat angsten uiteindelijk niet echt zijn.

Sacrale Chakra
Onderbuik/een paar centimeter onder marine - Oranje - Plezier. Geblokkeerd door schuld. Vergeef jezelf.

Zonne-energie Plexus Chakra
Bovenbuik/boven marine - Geel - Wilskracht. Geblokkeerd door teleurstellingen. Accepteer alle lessen.

Heart Chakra
In je hart - Bright Emerald Green - Love - Geblokkeerd door verdriet. Accepteer en laat verlies en het levensproces los. En dingen veranderen en komen en gaan, maar liefde blijft altijd en is een oneindige energie.

Keel Chakra
Keel - Robin's Egg Blue - Waarheid - Geblokkeerd door de leugens die we onszelf vertellen. Kijk jezelf onder ogen en sta jezelf toe om perfect onvolmaakt, kwetsbaar, waardig te zijn.

Derde Oog Chakra
Het midden van je voorhoofd, boven je ogen - Indigo - Licht - Geblokkeerd door illusie van scheiding. Laat inzicht en weten dat we allemaal één zijn.

Kroon Chakra
Bovenkant van je hoofd - Violet - Pure kosmische energie - Geblokkeerd door aardse gehechtheden. Laat alles los waar je van gehouden hebt, wetende dat niets ooit zal verdwijnen.

Helende negatieve invloeden/clearing
(James Gilliland - ECETI)

Genezing is een must voor iedereen die in andere bewustzijns domeinen wil opereren. Je moet zelfredzaamheid hebben en de controle behouden. Als je negatieve trillingen ervaart, zijn het ofwel gedachtevormen, die mentale concepten, psychische banden of entiteiten (verloren zielen) deze beperken de genezing die ze nodig hebben. Ze zijn gebonden aan de aardtrillingen als gevolg van lagere trilling houdingen en emoties. Sommige zijn dwingend en verlangen om te manipuleren en te controleren. Liefde geneest. stuurt ze naar een plek van licht. Onthoud in alle genezing dat God liefde is. Het is de kracht van liefde die geneest en optilt. Wij geven je de volgende stappen om de energie te zuiveren.

1. Sluit je aura door een wit of goudkleurig licht om je heen te visualiseren.
2. Doe een beroep op uw gekozen culturele vertegenwoordiger van God, of het nu Jezus, Boeddha, Babaji, Maria, Mohammed, Witte Adelaar of een van de Mooie Vele Christus-arenden is.
3. Zeg tegen de entiteiten dat ze genezen en vergeven zijn, opgeheven en verlicht.
4. Zeg hen dat ze genezen zijn en omringd zijn met het Christuslicht en de Christus Liefde.
5. Vraag je gekozen vertegenwoordiger om ze naar hun perfecte plek te brengen.
6. Vraag dat alle negatieve denkvormen en beperkende mentale concepten worden opgelost en opgeheven in het licht van de waarheid.
7. Vraag dat alle psychische banden worden verbroken en sluit hun aura's voor iedereen behalve geest van de hoogste trilling.

Herhaal dit proces tot je het duidelijk voelt. Er kan meer dan een genezing te doen zijn. Je woord is heel krachtig, en wat er op hun niveau wordt gesproken, manifesteert zich onmiddellijk. Veel verlichte gebruiken dit proces voordat ze worden geopend. Het creëert een duidelijke en veilige omgeving, en het tilt ook degene op die de genezing doet. Intentie is negentiende van de wet. Als je van plan bent te dienen en te genezen, zul je entiteiten van gelijkgestemde geest naar je toetrekken. Als je van plan bent om te dwingen of te manipuleren, teken je opnieuw de entiteiten van de mind. Het is de wet van aantrekking. Soms komen gereïncarneerde geesten naar je licht als een mot tot een vlam. Oordeel niet over jezelf, genees ze gewoon. Zij zitten in de problemen, niet jij. Ze zoeken je hulp.

Korte vorm van het opruimen van gebed – na het bovenstaande in het begin te hebben gedaan. Roep eerst je hoofdleraar of gids en andere goddelijke wezens Christus of hoger in.

> WE VERWELKOMEN ALLE ENTITEITEN IN LIEFDE EN LICHT
> WIJ SPREKEN TOT U VANUIT DE HEERE GOD VAN ONS WEZEN
> VERTELLEN DAT JE GENEZEN EN VERGEVEN BENT.
> OPGEHEVEN EN VERLICHT
> GENEZEN EN VERGEVEN
> OPGEHEVEN EN VERLICHT
> GEVULD EN OMRINGD DOOR HET CHRISTUSLICHT EN DE CHRISTUSLIEFDE
> EN WE VRAGEN DE MOOIE VELEN OM U NAAR UW PERFECTE PLEK TE BEGELEIDEN
> GA IN VREDE

(Zie James' boek *Reunion with Source* voor gevorderde helingstechnieken)

Ademhaling aarde energie reiniging
(Kleine Grootmoeder Kiesha)

Sta met je blote voeten op de aarde. Je kunt dit ook binnen doen, maar doe je schoenen uit. Begin met het ademen van de kleur groen, de kleur van de aarde energie, omhoog door de zolen van je voeten; voel deze aarde-energie je cellen vullen en elke centimeter van je voeden; met de eerste in ademhaling, breng het tot aan je knieën, adem het dan uit naar beneden en uit door de zolen van je voeten terug in de aarde.

Breng bij de tweede adem deze groene energie naar de basis van je bekken (eerste chakra) en adem hem terug in de aarde, voel het je dijen omhullen, je knieën je enkels en terug naar beneden door je voeten. Terwijl je dit doet, als je moeite hebt om verbinding te maken met een bepaald deel van je lichaam en voelt dat de energie je vult, ga dan verder met de ademhalingen tot dat gebied totdat je je klaar voelt om verder te gaan.

Breng bij de derde inademing de energie naar je onder bekken, net onder de navel (tweede chakra), en laat deze weer naar beneden in de aarde. Zorg ervoor dat je je concentreert op elk specifiek deel van je lichaam als je de energie afdaalt; scheer niet alleen over, maar visualiseer en voel de energie die naar beneden reist en je ledematen, je spieren, bloed, botten, cellen vult.

Breng op de vierde inademing de energie naar je middenbuik (derde chakra) en voel het circuleren en doordringen in je zonnevlecht.

Velen van ons dragen veel onderdrukte emoties op dit gebied van ons lichaam, dat verbonden is met onze wil en een gevoel van empowerment, het algehele gevoel van wie we zijn.

Mogelijk moet je meerdere keren ademen naar dit gebied. Laat de helende aarde-energie zachtjes je buik openen en die plaatsen losmaken die

Naamsvermelding: www.getdrawings.com

strak zitten, die oude energieën en angsten vasthouden. Als je je ontspannen en open voelt, en je hier een warmte voelt verspreiden, dan weet je dat je verder gaan.

Op de vijfde inademing, adem de energie tot aan je borst (vierde chakra) en voel het envelop en penetreer je hart. Voel het uitzetten in je borstholte, je longen, je ribben. Het hartgebied draagt zoveel oude emotie, en velen van ons hebben hier diepe pijnen. Laat Moeder Aarde voorzichtig deze plek in je aanraken. Doe deze adem zo vaak als je nodig hebt totdat je warmte voelt verspreiden, totdat je een ontspannende en een opening van dit gebied voelt.

Laat alles wat je vasthoudt weer loskomen in de aarde, laat het wegsmelten en naar beneden door de zolen van je voeten terug in de aarde. Net zoals een moeder niet wordt geschaad door het kalmeren en ontvangen van het verdriet en de problemen van haar kinderen, wordt Moeder Aarde nooit beschadigd door je verbinding met haar op deze soort.

Op de zesde in-adem, adem de energie tot aan je keel (vijfde chakra) en voel het openen van dit gebied, dat is verbonden met je stem en het spreken van jouw waarheid. Adem het dan weer uit naar de aarde.

Adem bij de zevende inademing de energie tot in het midden van je voorhoofd tussen je ogen

(zesde chakra–derde oog) en voel dit deel van je, verbonden met spirituele visie, hogere waarneming en intuïtie, openend en zachtjes gestreeld, verbonden met Moeder Aarde. Adem weer uit in de aarde.

Op de achtste en laatste in-adem, breng de energie helemaal naar de top van je hoofd (7e chakra-kruin) en voel de bovenkant van je hoofd open voor spirituele begeleiding en voor licht vanuit de kosmos. Voel de energie van Moeder Aarde strelen en dit gebied openen, je aarden tussen de aarde en de hemel, als een kind van de aarde en de kosmos. Vul je gezicht, je schedel, je hersenen, je klieren, je haar, met dit groene verzorgende licht, dat je verbindt met al het leven. Adem bij je laatste uitademing de energie uit door je handen - langs je armen en naar buiten door je handpalmen en terug naar Moeder Aarde. Hierdoor ontstaat een complete cirkel van energie. Nu ben je verbonden met wat je in het leven ondersteunt, wat er altijd voor je is. Deze krachtige groene levenskracht energie kan je helpen je hele wezen te genezen, nieuw leven in te blazen en in balans te brengen.

79

Aarding en kosmische energie meditatie
(Hollis Polk)

Ga comfortabel ergens zitten waar je goed wordt ondersteund, met je voeten plat op de grond en je handen die comfortabel en apart op je schoot of op de armen van de stoel rusten.

Sluit alsjeblieft je ogen en haal diep adem. Adem heel diep in, en terwijl je het eruit laat, gewoon...
Ontspannen... bewust loslaten in je spieren en smelten in waar je op zit. Haal nog een keer diep adem. . . en merk op wat je zit op het omhoog houden van, merk hoe gemakkelijk en comfortabel en solide dat is... haal nu nog een keer diep adem en als je het eruit laat, let op de temperatuur van de lucht op je wang en laat dat gewoon ... ontspan je... nog meer...

Haal nog een keer diep adem in... en als je uitademt, begin je je te concentreren op de basis van je wervelkolom... En met de volgende diepe adem in... en de volgende diepe adem uit... stel je voor dat er een kleine plug aan de basis van je ruggengraat zit... en gewoon... Zachtjes... verzacht dat... en stel je nu voor dat er een stroom van energie naar beneden stroomt vanaf de basis van je ruggengraat... zie deze energie als een koord, of een kleur, die naar

beneden stroomt, of je kan het voelen als een textuur of een temperatuur, of je kan het zelfs horen als een toon... zachtjes, gemakkelijk en automatisch stromen... vanaf de basis van je ruggengraat door waar je ook op zit... naar beneden in de vloer ... en door de vloer en de ruimte daaronder, en welke verdieping en ruimtes zich daaronder bevinden ... door de fundering van het gebouw, en naar beneden in het vuil daaronder... en laat het naar beneden stromen... omlaag... omlaag... door het vuil, in het gesteente onder je... naar beneden stromen... door het gesteente, door de aardkorst, naar beneden in de aardmantel... omlaag... omlaag... omlaag... in de gesmolten kern van de aarde... en laat alles in je lichaam of enige energie in of om je heen die moet worden genezen of getransformeerd, door je aardingskoort naar de aarde stromen, waar Moeder Aarde het kan genezen en transformeren.

En laat een beetje van die helende, transformerende energie beginnen op te stijgen een koord, dat parallel is aan je aarding snoer. Zie deze energie als een lichtstraal in een bepaalde kleur, die omhoog stroomt of je voelt het als een temperatuur of een textuur, of je het zelfs hoort als een toon... of een harmonie... En laat deze mooie energie stijgen... omhoog van de kern van de aarde, omhoog door de aardmantel, omhoog in de aardkorst en door de aardkorst, omhoog in het gesteente onder je voeten, omhoog in de fundering van het gebouw, omhoog door om het even welke ruimte daarboven, omhoog door de vloer, omhoog in de wachtende open chakras van je voeten.

Het kussentje op elke teen heeft een kleine chakra, net zoals een draaikolk die opent als de lens van een camera. En er is een groter chakra die ook opent als de iris van een camera. Terwijl de prachtige aarde-energie je voeten bereikt, stroomt deze zachtjes en gemakkelijk omhoog, door de open voet chakra's in je voeten, wervelend door hen, helend en transformerend, verwarmend en rustgevend, ze vullend met dcze prachtige energie, prachtig licht, of warmte of zelfs textuur of geluid. En terwijl het je voeten vult, wervelt het omhoog door de enkelgewrichten, verwarmend en helend, rustgevend en transformerend...

loslaten...

En deze mooie kleur, of warmte, of toon of energie blijft stromen... omhoog... tot in je kuiten, stromend langs de botten, verwarmend en ontspannend, rustgevend en loslatend en uitstralend in de pezen, de spieren, de huid, en zelfs het vullen van het energieveld rond je benen...

En de energie blijft stromen

omhoog, wervelend en helend door je knieën, verwarmend, verzachtend, loslatend...

En de energie blijft omhoog bewegen langs de botten van je dijen, verwarmend en helend, verzachtend en ontspannend, losmakend en loslatend. Het beweegt zich van de botten, naar buiten in de pezen, de spieren, de huid, en vult zelfs het energieveld rond je dijen met dit prachtige licht of warmte of geluid of energie. Gewoon helend en rustgevend en ontspannend... loslaten...

En de energie blijft wervelen en genezen terwijl het van je dijen naar je bekken beweegt. De energie pulsen en wervelingen geneest en transformeert terwijl het de spieren en alle interne organen ontspant.

Dit zie je als licht dat je bekken vult, of het voelt als een energie of een warmte of een textuur, of zelfs een toon wat je kunt horen. En terwijl deze energie je bekken vult, zie je een klein druppeltje van deze prachtige aardenergie doorgaan langs je aardingsdraad, terug naar beneden in de aarde, een circuit voltooien. Dus je weet dat je deel uitmaakt van de energie van de aarde...

En nu dat het nog steeds loopt, begin je je aandacht te richten in het centrum van het universum... en laat een prachtig gekleurd licht toe... of misschien een toon... of een warmte... of textuur... om vanuit het centrum van het universum naar beneden te stromen...

Naar beneden in de Melkweg melkweg... Naar beneden in het zonnestelsel... Beneden in de atmosfeer van de aarde... Naar beneden naar de hemel boven je hoofd... En naar beneden in het dak over je hoofd...

En door de ruimte eronder, hoewel alle balken en plafonds en zelfs vloeren, als die er zijn, in de ruimte net boven je hoofd...

En tot in de kroon van je hoofd... en van daaruit naar de basis van je schedel en naar beneden langs de ruggen van je wervels... wervel voor wervel... Langs je nek en naar

beneden langs de wervels aan de achterkant van je borst, en langs je lendenwervels naar de basis van je wervelkolom.

En een beetje van deze energie stroomt van de basis van je ruggengraat langs je aardingsdraad naar het midden van de aarde. Nu weet je dat JIJ de verbinding bent van aarde energie en kosmische energie, van Moeder Aarde en Vader Hemel. Je voelt misschien zelfs een beetje touwtrekken aan de basis van je ruggengraat en de bovenkant van je hoofd als je deze verbinding erkent... of je voelt jezelf automatisch net iets rechter in je stoel zitten...

En meer van deze prachtige kosmische energie mengt zich in je bekken... je bekken gevuld met beide kleuren tegelijkertijd zien, of ze zien overvloeien om nog een derde kleur te maken, of de ene kleur erdoorheen zien schieten met schitteringen van de andere... maar je ziet dat het prima is. . . je kan een ongewoon gevoel voelen, of je kan twee tonen of een harmonie horen... en terwijl deze prachtige kleur of geluid of gevoel je bekken overstroomt, breidt het zich uit in je energieveld rond je onderlichaam en breidt het zich uit door de voor kanalen van je wervelkolom op te stromen, op te staan... omhoog... omhoog... zachtjes en gemakkelijk om uw hartcentrum te vullen... en het breidt zich uit van daar om je borst en je schouders te vullen en de energie begint te stromen langs je armen, het vullen van je armen en stromen en wervelen naar beneden... door je ellebogen in je onderarmen en er doorheen in je polsen... wervelend door je polsen in je handen die ze vullen met dit mooie licht of toon of gevoel... laat dat gewoon gebeuren... en de energie druppelt door je handpalmen en vingers de ruimte om je heen in, waardoor de ruimte rond je handen en armen en je borst gevuld wordt met deze mooie kleur... of geluid... of gevoel.... En de energie begint weer op te stijgen: van je schouders in je hoofd... je hoofd vullen met dit heerlijke gevoel... of geluid... of kleur... totdat de energie uit de bovenkant van je hoofd stroomt naar een plek 18 tot 24 cm boven je hoofd waar het een fontein wordt... de energie stroomt door je hele energieveld, reinigt het, geneest het, verwarmt het, ontspant het, vult het met dit prachtige, helende licht, of geluid of gevoel, reinigt het, ruimt het op... zachtjes bewegend uit alles wat minder dan gezond is voor jou...

En geniet gewoon van dat geweldige gevoel van de verbinding van aarde en hemel, in jou en om je heen...

En geniet vooral van de wonderbaarlijke energiestroom...

En als je klaar bent... kom terug naar de plek... open je ogen... kijk rond... misschien wil je even vooroverbuigen en de vloer aanraken om overmatige energie los te laten...

Wees je compleet bewust van je lichaam...

Bewust...

Bewust...

In leven...

En opgefrist!

83

Aarding liggende meditatie
(Hollis Polk)

Je zou deze meditatie kunnen gebruiken voor die CE-5's waar je op een deken onder de sterren ligt.

Ga op je rug liggen, comfortabel ondersteund door kussens, of wat je maar nodig hebt. Je moet comfortabel warm zijn, maar toch koel genoeg dat je wakker blijft. . .

Haal diep adem in... en terwijl je uitademt... sta jezelf gewoon toe om de steun te voelen van waar je op ligt... haal nog een keer diep adem, en terwijl je uitademt... voel gewoon die steun op je rug... en op de rug van je benen... voel die steun op je hielen en op je armen.

Nu... haal nog een keer diep adem in... en terwijl je uitademt... voel de temperatuur van de lucht op je wang... merk het echt op. . . is het warm... is het koel... is het precies goed... is de temperatuur van de lucht hetzelfde op beide wangen... sta jezelf toe om dit zachtjes op te merken...

..haal nog een keer diep adem in... en als je het eruit laat, merk dan hoe goed je hoofd wordt ondersteund... en hoe ontspannen je je voelt...

En terwijl je ontspant, kun je beginnen op te merken hoe waar je op ligt een deel van de aarde is. Waar het ook van gemaakt is, komt op de een of andere manier van de aarde, of het nu veren zijn die afkomstig zijn van eenden die over de aarde liepen en erdoor werden gevoed of dat het hout is van bomen die in de aarde groeiden of zelfs tapijt gemaakt van olie van binnenuit de aarde... of iets heel anders... En zo liggen jullie op de aarde. En kan je voorstellen dat je direct op aarde ligt... misschien lig je op een stapel bladeren of op de bosbodem of in een grasveld of op een strand of een andere prachtige natuurlijke plek... je ligt op aarde...

En je kan beginnen om je spieren gewoon in de aarde te laten smelten... laat je armen smelten ... laat je benen smelten... Laat je ribbenkast smelten. . . voel ze gewoon in de aarde zinken... en kan je voorstellen dat hun energie door het vuil onder je stroomt... naar beneden in het gesteente... door het gesteente in de aardmantel... snel en gemakkelijk door de aardmantel stromen... in de gesmolten kern van de aarde.

Stel je nu voor dat deze stroom van energie een gigantisch koord is, een gigantisch aardingsdraad, dat elke cel in je lichaam verbindt met het centrum van de aarde. En stel je nu voor dat Moeder Aarde je haar liefde stuurt, als energie, op deze aardingsdraad. Je kan deze energie zien als... een lichtstraal in een bepaalde kleur, die omhoog stroomt... of je voelt het als een temperatuur of een textuur, of je kan het zelfs horen als een toon... of een harmonie... En sta dit toe mooie energie om op te staan... omhoog van de kern van de aarde, omhoog door de aardmantel, tot in de aardkorst en door de aardkorst, tot in het gesteente onder je, tot in het
vuil, tot in je wachtende cellen. En elk van je cellen geniet van de liefde van Moeder Aarde en weet dat het verbonden is met Moeder Aarde. En

elke cel wordt vernieuwd en opgefrist door zijn verbinding met Moeder Aarde.

Moeder Aarde wil dat je veel energie in je opneemt... Dus als je weer terug bent, wakker en bij bewustzijn, begin je te bewegen, gemakkelijk en zachtjes.

Misschien beweeg je je vingers en tenen, en nu je handen en voeten.

En nu je benen en armen en zelfs je hoofd en romp.

Je voelt...

Bewust... bewust...

In leven... opgefrist...

En klaar om te gaan!

REMOTE VIEWING

Remote Viewing wordt aanbevolen als een haalbare methode om te communiceren met ET door astronaut Dr. Edgar Mitchell. Dr. Mitchell richtte de organisatie The Foundation for Research Into Extraterrestrial and Extraordinary Encounters op. Een van onze langst bestaande groepsleden, Keiko, is onze inwonende student remote viewing. Dit is wat ze moet delen:

RV (Remote Viewing) is een manier die ons helpt om ons aangeboren vermogen te ontwikkelen om bepaalde locaties, fysieke structuren, personen, gebeurtenissen te zien en te voelen, zonder er fysiek te hoeven zijn om ze te zien of te voelen. Remote Viewing gaat over kijken, horen, ruiken, proeven, gevoelens voelen en emoties voelen in tijd en ruimte op afstand. Willekeurig kan je een soortgelijk paranormaal fenomeen hebben ervaren, zoals déjà vu of voorgevoelens. Rv daarentegen wordt overtuigend gedaan door je te concentreren op een 'doelstelling' terwijl je in de meditatieve staat bent.

Weergave op afstand

- Ga rustig zitten en laat je drukke geest los en maak jezelf leeg.
- Verbind jezelf met een doel en weet dat je verbonden bent.
- Beschrijf en teken informatie die je ontvangt via je vijf zintuigen en meer, als onbewerkte informatie. Met andere woorden, beschrijf de informatie zonder je eigen verhalen te verzinnen. (Synchroniseren van de rechter- en linkerhersenhelft van de hersenen.) Je probeert weg te komen van verbeelding, geheugen en/of deductie.
- Orden en organiseer informatie.

Vaardigheden/attitudes die je ontwikkelt door remote viewing

Door de rechter- en linkerhersenhelften van de hersenen te synchroniseren tijdens rv-oefening kunnen we onze paranormale vermogens ontwikkelen. Ook het detecteren van doelstellingen op afstand geeft ons de ervaring van eenheid. Beseffen dat we met elkaar verbonden zijn met onze gedachten/intenties kan ons nederig maken voor anderen.

Een ervaren trainer van RV bij het Monroe Instituut heeft gezegd dat hij nog nooit iemand heeft ontmoet die niets kon bekijken of voelen aan het einde van een workshop van een weekend. We hebben allemaal het vermogen en kunnen het vermogen ontwikkelen door te oefenen. De praktijk zal je een bevestiging geven van je ware aard van nonlocal zijn en één met het verenigde bewustzijnsveld.

Oefen Remote Viewing starten

In zijn dvd's raadt Dr. Greer aan om onze intuïtie aan te scherpen door te oefenen met deze oefeningen:

- Voel wie de beller is voordat je de telefoon opneemt
- Voel wie bezoeker is voordat je de deur opent
- Een object dat iemand in een vak heeft geplaatst, een foto of woorden in een envelop voelen

Er zijn verschillende methoden en technieken van Remote Viewing om uit te kiezen. Boeken, dvd's, workshops, website, etc. vindt u op rv. Er zijn apps en websites die rv-doelstellingen bieden, zoals http://www.rvtargets.com/. Het is gratis om je te registreren en te gebruiken.

Hoe remote viewing te gebruiken voor CE-5

Wanneer je in het veld bent tijdens CE-5, begin dan met mediteren met een mantra, geluid, visualisatie, geleide meditatie enz. Wanneer je de stille toestand bereikt, begin je je te concentreren op je doel:

- Begeleidt ET naar je locatie door de ruimte in te gaan en vervolgens terug te keren naar je locatie met je bewustzijn
- Bezoek een planeet, sterrenstelsel, ster
- Ontmoet verschillende galactische beschavingen
- Ontmoet een sterrenwezen
- Ga naar het International Space Station
- Ga naar een Galactische Vergadering
- Ga naar het ruimtestation op de ringen van Saturnus

Zoals eerder vermeld, gaat Remote Viewing niet alleen over het oppikken van de bezienswaardigheden, geluiden, texturen en geuren van een locatie. Je kunt ook de emoties, gevoelens en gedachten oppikken die een plek biedt. Sommige astronauten hadden de volgende gevoelens en gedachten terwijl ze in de ruimte zweefden:

- Iedereen is met elkaar verbonden
- Het is een vertrouwde plek, zoals thuis.
- Er is geen absoluut
- We moeten voor elkaar zorgen.

Wat zie/voel je als je op afstand in de ruimte kijkt terwijl je lichaam zich in een cirkel bevindt op de contactplaats?

Verwijzingen
Meer informatie over remote viewing vindt je in de onderstaande links.

Prudence Calabrese's Remote Viewing Course (7 video's) https://youtu.be/uij1clj9FzY
De geheime geschiedenis van us remote viewing https://youtu.be/kUOu7MJnpO4
Ingo Swan – Menselijke Super Gevoeligheden en de Toekomst https://youtu.be/rHH5PBS2H_I
Joe McMoneagle, De Kronieken van de Sterrenpoort, MUFON Conv 16/2/06 https://youtu.be/egk7V8XKRWQ
John Vivanco Psychic Spy – Deel 1 van 3 https://youtu.be/ZTEtvMoUjas
John Vivanco Psychic Spy – Deel 2 van 3 https://youtu.be/y0W8MHbZ9N0
John Vivanco Psychic Spy – Deel 3 van 3 https://youtu.be/NXvT0OC98Nc
Lessen geleerd uit het Stargate-programma met Edwin May https://youtu.be/L811nO601sg

BIO-ELEKTROMAGNETISCHE COMMUNICATIE

Mensen hebben het potentieel om een zeer krachtig krachtveld uit te zenden. Ik heb een toevallig moment van telekinese gehad. Wij geloven dat dit gedeelte de voorhoede is van CE-5 en onze eigen evolutie. Veel dank aan Jeremy van CE-5 Aotearoa uit Nieuw-Zeeland, die deze geavanceerde communicatietechniek met ons deelde. Dit proces is specifiek gericht op energetische communicatie via het bio-elektromagnetische veld van het hart: de torus. Het is gebaseerd op ervaringsleren van verschillende gevallen van geverifieerd contact en interactie in de nabijheid.

Beginselen:

• De geometrische vorm die wordt gebruikt om de zelfreflexieve aard van bewustzijn te beschrijven, is de torus. De torus kan worden gebruikt om de werking van het bewustzijn zelf te definiëren; daarom heeft bewustzijn geometrie.

• De torus laat een draaikolk van energie vormen, buigt zich terug langs zichzelf en komt zichzelf weer binnen. Het 'inside-outs', stroomt voortdurend terug in zichzelf. Daarom vernieuwt toroïdale energie zichzelf voortdurend en beïnvloedt zichzelf voortdurend.

• Wanneer de torus in balans is en de energie stroomt, zijn we in de perfekte staat om ons authentieke zelf te zijn. Authenticiteit is een belangrijk onderdeel bij het verbinden met ET en hemelse wezens.

• Het magnetisch veld van het hart is toroïdaal en communiceert door het hele lichaam en in de externe omgeving. Het is een non-verbale energetische communicatie modaliteit die kan worden gebruikt om effectief met elkaar, de omgeving en andere soorten wezens te communiceren.

• Omdat elektromagnetische toroïdale velden holografisch zijn, is het waarschijnlijk dat de som van ons universum aanwezig is binnen het frequentiespectrum van een enkele torus. Dit betekent dat ieder van ons verbonden is met het hele universum en op elk moment toegang heeft tot alle informatie erin.

Procesoverzicht:

Dit is een schets van het algemene proces dat moet worden gevormd tot een geleide meditatie en geleverd door de teambegeleider. Dit proces is niet vast, het is een 'work in progress' en moet met creativiteit en flexibiliteit worden benaderd. Tijdens dit proces kunnen belangrijke contact gebeurtenissen optreden; daarom is aanpassingsvermogen vaak noodzakelijk. Laat je leiden in wat er van nature gebeurt en blijf aanwezig binnen de coherente energie en de bovenstaande principes.

• Focus op het werken als een volledig verenigd CE-5 team met de gedeelde collectieve intentie van Universele vrede en eenheid. Specifieke teams kunnen worden gevormd met degenen die van nature resoneren met deze intentie.

• Creëer een samenhangend toroïdaal energieveld binnen het CE-5 team. Als het de eerste keer is dat je dit proces doet, voltooi dan eerst de Resonante Energie Meditatie. Eenmaal bekend met het opzetten van een samenhangend toroidal energieveld, creëer het op je eigen manier die het beste werkt voor jouw team, ga dan verder met dit proces. Stel nieuwe ideeën op de proef.

• Kies er bewust voor om de gedeelde collectieve intentie van het team te binden binnen de structuur van het toroïdale energieveld. Concentreer je op één zijn. Voeg je op hart gebaseerde goddelijke wil samen in de ringvorm en verlevendig het full colour spectrum, zie de vorm duidelijker en helderder in bewustzijn, merk op hoe het je omringt. Voeg het bewust samen met anderen in het team.

- E-motion, energie in beweging. Geef het toroïdale veldenergie door je hartcentrum te vullen met de emoties van liefde, vreugde, vrede, dankbaarheid, enz. Laat deze gevoelens overlopen en samensmelten in de tril structuur van de torus, voel een toename van de snelheid van de energiestroom en zie het daardoor verder activeren. Focus op een singular zero point hartenergie in het midden van de cirkel, dit is het hartcentrum van het team.

- Erken dat ieder van ons verbonden is met het hele universum en op elk moment toegang heeft tot alle informatie erin, via ons hartcentrum. Wanneer we toegang krijgen tot wat er in ons hart aanwezig is, verbinden we ons letterlijk met de onbegrensde toevoer en wijsheid van het Universum. Dit maakt het mogelijk wat we wonderen noemen bij ons aanwezig te zijn. Omarm dit weten dat bestaat in ons hartcentrum. Laat het gewoon resoneren als Universele Waarheid en uitstralen vanuit ons wezen.

- Houd deze ruimte open voor communicatie. Zend energetische informatie door het elektromagnetische toroïdale spectrum van het hart. Richt je in eerste instantie op een energieke uitnodiging. Breng deze uitnodiging over naar de directe omgeving en vervolgens naar de verre omgeving door de ringvormige vorm in bewustzijn uit te breiden. Schaal het op om de hele planeet te omarmen en schaal het vervolgens naar de omgeving. Herhaal dit meerdere keren en breid elke keer verder uit, recht de ruimte in, waarbij alle wezens die resoneren met de intentie voortdurend worden uitgenodigd. Beweeg moeiteloos in bewustzijn door de toroïdale connectiviteit. Weet dat de informatie die je via dit formulier communiceert waarschijnlijk door andere bewuste wezens zal worden ontvangen. Straal de energie van uitnodiging uit en wat je van gedeeld belang vindt bij het tot stand brengen van communicatie. Zorg ervoor dat je ook ruimte overhoudt voor antwoorden.

- Fluctueer je focus binnen alle parameters van de gedeelde ring, waardoor het toroïdale bewustzijn wordt uitgebreid door het tegelijkertijd als oneindig groot en oneindig klein te zien, zowel intern als extern. Volg bewust hart gerichte magnetische attracties naar bepaalde locaties, eerst binnen de lokale omgeving, dan in andere parameters. Resoneer de intentie om verbinding te maken met de wezens die er op die specifieke locatie zouden kunnen zijn. Sta jezelf toe om volledig uit te breiden en zoveel mogelijk te voelen. Vraag hen om hun aanwezigheid te verifiëren op manieren die duidelijk en ongetwijfeld waar zijn voor jou en het team. Als communicatie wordt geverifieerd, begeleid je het team om de hart gerichte energie op die specifieke parameter te richten en vraagt je de wezens om zo aanwezig en interactief mogelijk te zijn. Houd de energie voor hen om verder verbinding te maken en te genieten van de liefde om een ambassadeur van de aarde te zijn.

MUZIEK EN GELUID

Barbara Marciniak vertelt over het belang van geluid in haar collectie channeling:

"Geluid is een instrument voor transformatie. Houders van frequentie, die we je aanmoedigen om te worden, leren hoe ze de frequentie die ze vasthouden door middel van geluid kunnen moduleren. Geluid kan elke stof binnendringen, moleculen verplaatsen en de realiteit opnieuw rangschikken. Je kan beginnen met werken met geluid door het je lichaam te laten spelen. Zorg dat je gecentreerd bent, maak je geest leeg en laat tonen door je heen komen. De oude mysteriescholen werkten op deze manier met geluid, en het is een zeer krachtige techniek wanneer het in een groep wordt gedaan. Je gaat heel ver met je gebruik van geluid nadat je er een tijdje mee hebt gewerkt. Het is als een krachtig hulpmiddel dat aan een baby wordt gegeven. Zonder goed bewustzijn, zou je dingen kunnen doen, en je niet realiseren wat de gevolgen zijn van wat je doet.

"Denk na over wat geluid doet in stadions en auditoriums. Het gejuich of gejoel van een menigte zorgt voor een ambiance. Wanneer groepen van jullie samen geluid maken, creëer je een sfeer voor jezelf. Je laat bepaalde energieën de instrumenten van je lichaam bespelen. Je laat vooraf bedachte ideeën los en laat verschillende melodieën en energieën toe om je fysieke lichamen te gebruiken als mogelijkheden om zichzelf op de planeet te vertegenwoordigen. In werkelijkheid ervaar je de levenskracht van energieën die je via jezelf kan uitdrukken. Je wordt als kanalen. Je laat een trilling in volle glorie op de planeet komen door je lichaam en je gezamenlijke samenwerking. Je creëert een kans en energie maakt gebruik van die kans.

"Geluid gaat evolueren. Nu kunnen mensen instrumenten worden voor geluid door middel van toning. Bepaalde combinaties van geluiden die door het lichaam worden afgespeeld, ontgrendelen informatie en frequenties van intelligentie. Langdurig stil zijn na de harmonie stelt mensen in staat om hun lichaam te gebruiken als apparaten om de frequenties te ontvangen en te absorberen, en om het voertuig van ademhaling te gebruiken om ze in een extatische toestand te brengen. Wanneer je het toont aan anderen, heb je toegang tot de groepsgeest die je niet had voordat je het geluid maakte. Het sleutelwoord is 'harmonie'.

"Wat je met geluid wilt doen, is van het grootste belang. Als je niet duidelijk bent over je intenties, kan geluid een manier hebben om zichzelf te omhullen en zijn oorspronkelijke capaciteit te ontgroeien. Het verdubbelt en verviervoudigt zichzelf met zijn eigen impact. Het is erg belangrijk voor je om een duidelijke intentie te hebben van wat je van plan bent te doen met geluid. Geluid wekt energie op. Het creëert een staande kolomvormige golf, die frequentie op frequentie bouwt. Deze energie kan dan gericht zijn op alles. Wanneer je geluid maakt in een cirkel, of in de omtrek van de lichtpijler, creëer je een kolom die in staat is tot veel meer dingen die je ooit hebt gerealiseerd. Het is in staat om explosies te creëren en veel realiteiten te vernietigen en te creëren."

Van *Bringers of The Dawn*
https://www.pleiadians.com/dawn.html

Geluid gebruiken in CE-5

Muziek is een krachtig hulpmiddel. Het ontroert ons, verandert ons en verheft ons. Geluid kan ons vermogen ondersteunen om te ontspannen en naar binnen te keren en maakt het gemakkelijker om verbinding te maken met universele.

Tijdens CE-5 kan je:

- Achtergrondgeluiden of liedjes afspelen, instructie geven of mediteren
- Geluiden of liedjes afspelen als focus van de groep
- Samen zingen
- Doe een Puja
- Hum
- Toon
- Drum
- Didgeridoo
- Klankschalen
- De klokken van de ring
- Enz

Doe wat je oproept en vul je CE-5 agenda aan met wat de groep het leukst vindt.

Als je geïnteresseerd bent in geluid als een helend hulpmiddel voor jezelf, kun je dit doen:

- Ga naar Tom Kenyon's geluidsheling pagina: http://tomkenyon.com/music-sound-healing
- Luister naar Mozart, of iets anders dat je verheft. Samoiya Shelley Yates vertelt hierover in haar geweldige verhaal: https://www.youtube.com/watch?v=KHGyu_AXNWg&t=9s
- Ga naar het Monroe Instituut om hemi-sync cd's te halen: https://www.monroeinstitute.org/store
- Pak de Omnec Onec Soul Journey meditatie die een prachtige symfonie is die door alle bewustzijnstoestanden stroomt: http://omnec-onec.com/meditation-cdsouljourney/
- Luister naar de eerste drie minuten van Beethovens 7e symfonie. Volgens Bashar heeft deze muziek een diepgaande helende werking: https://www.youtube.com/watch?v=RpJeWvFZ_fg&t=1675s

PUJA'S

Een puja is een ceremonie die zijn oorsprong vindt in India en hindoegoden eert en aanbidt. Het wordt vaak ritueel gemaakt met uitrustingen zoals een grote thali (dienblad), kaarsen, klok, messing of zilveren bekers / kommen en lepels, zuiver water, salie, wierook stokjes, bloemen, fruit, ongekookte rijst en afbeeldingen en / of beeldjes van de geascendeerde Meesters.

Een Puja wordt gezongen in het Sanskriet. Sanskriet wordt beschouwd als de wortel van alle Indo-Europese talen. Het is oud: het kan het overblijfsel zijn van een taal die tijdens de laatste Gouden Eeuw werd gesproken en de oorsprong ervan kan interstellair zijn. Sanskriet woorden worden beschouwd als de meest precieze geluids intonatie die het meest nauwkeurig overeenkomt met die wat het woord beschrijft. Als het correct wordt gebruikt met hoge bewustzijnstoestanden, geloven sommigen dat men zich kan manifesteren met behulp van de Sanskriet-taal.

In de context van CE-5 wordt de puja geseculariseerd. In plaats daarvan vertegenwoordigt de ceremonie geen gebed tot een bepaalde godheid, maar een algemeen gebed, aanbidding of huldiging van de kosmos of tot de collectieve afstamming van Geascendeerde Meesters (bijv. zoals Boeddha, Babaji, Krishna, Jezus, Sai Baba,enz.), die hebben geholpen en nog steeds helpen bij de spirituele ontwikkeling van onze wereld. Een puja doen tijdens een CE-5 kan heel eenvoudig zijn. Zet wat kristallen of andere heilige voorwerpen op een kleine tafel, brand een kaars en steek wierook aan. Salie is ook goed om te verbranden. Chant "Om" meerdere keren en zing dan een tijdje de Puja. Laat de kaars en wierook branden tot de CE-5 klaar is.

Puja's naar include in een CE-5:

Isha Yoga Goeroe Pooja
Dr. Greer zingt een lange, betrokken puja. Het zou erg lang duren om het te onthouden, dus het gemakkelijke is om het op YouTube te vinden en het naar mp3 te converteren met een online YouTube naar mp3-converter (zoals https://ytmp3.com/). Zoeken: "Joshua Tree 2015 - Puja met Dr. Steven Greer" https://www.youtube.com/watch?v=iN2dpW2mjn0

Im Nah Mah
Deze mantra vertaalt zich naar 'dicht bij God' of 'een met het hogere wezen'. De melodie hiervan is: G-C-C (of een ander vijfde interval). Zodra je de melodie een paar keer zingt voor mensen om de melodie te vangen, laat iedereen het gezang intern voortzetten voor de duur van de meditatie.

Gayatri Mantra

Deze mantra aanbidt de godin Gayatri, die niet wordt beschouwd als een godheid of halfgod, maar als de enige opperste persoonlijkheid. Een mooie, vrolijke puja die onze beweging naar het vrouwelijke viert terwijl godinnenenergie zwelt en in deze transformerende tijd in een stroomversnelling komt. Zoek in "Gayatri Mantra" op YouTube om het deuntje te horen. Er zijn verschillende versies; kies je favoriete melodie.

> Om bhoor bhuvah svah
> Tat savitur varenyam
> Bhargo devasya dhimahi
> Dhiyo yo nah prachodayat

Vertaling:
(Oh) Oppermachtig; (wie is) de fysieke, astrale (en) causale werelden (zichzelf).
(jullie zijn) de bron van allen, die alle aanbidding verdienen
(O) Stralende, goddelijke; (wij) mediteren (over jou)
Stuwen ons Intellect (naar bevrijding of vrijheid)

Moola Mantra

Deze mantra roept de levende God op en vraagt om bescherming en vrijheid van al het verdriet en lijden. Zoek in "Moola Mantra" op YouTube om versies van het nummer te horen.

> Om
> Sat Chit Ananda Parabrahma
> Purushothama Paramatma
> Sri Bhagavathi Sametha
> Sri Bhagavathe Namaha

Vertaling:
OM: We doen een beroep op de hoogste energie, van alles wat er is
Zat: De vormloze
Chit: Bewustzijn van het universum
Ananda: Pure liefde, gelukzaligheid en vreugde
Para brahma: De allerhoogste schepper
Purushothama: Wie is geïncarneerd in menselijke vorm om de mensheid te helpen begeleiden
Paramatma: Die in mijn hart tot mij komt en mijn innerlijke stem wordt
Sri Bhagavati: De goddelijke moeder, het machtsaspect van de schepping
Same tha: Samen met
Sri Bhagavate: De Vader van de schepping, die onveranderlijk en permanent is
Namaha: Ik dank u en erken deze aanwezigheid in mijn leven

The Pushpak Aircraft by Balasaheb Pandit Pant Pratinidhi, 1916

TONING EN NEURIËN

Keiko is ook onze ervaren geluidswerker. Dit is wat ze te zeggen heeft over toning en neuriën:

Onze eigen stem kan een instrument zijn dat genezing en transformatie op alle niveaus van ons bestaan bevordert. Toning is een geweldig hulpmiddel voor emotionele verbetering en klaring. Het kan tegelijkertijd ontspannend en opbeurend zijn. Zoemen kan kalmerend zijn en je naar een diepe meditatieve staat brengen.

Wanneer we zingen of neuriën, stimuleert het vocalisatie proces onze hersenen en gaat de geluidstrilling door de hele binnenkant van ons lichaam, zelfs voordat we het geluid horen. Wanneer we het geluid horen, stimuleert het de hersenen verder en trilt het hele buitenlichaam. Dit alles beweegt ons op moleculair niveau om ons terug te brengen naar een natuurlijke en evenwichtige staat.

Geluid is ook een drager van informatie. Wanneer we een gewenst resultaat hebben, kunnen we geluid met intentie gebruiken. Het is een krachtige manier om te manifesteren, en het is gemakkelijk en effectief. Transformatie zal plaatsvinden wanneer je zijn kracht in en zonder jou herkent. Net als wanneer je toon met meer dan honderd mensen, hoewel je je eigen stem niet onderscheidt, weet je dat je deel uitmaakt van de grote harmonie.

Toning of Humming in een groep verhoogt samenhang, versterkt energie en intensiveert intenties. Wanneer we toon of neuriën met liefdevolle gedachten en waardering, kunnen we een krachtig trillingsveld van liefde creëren en zo licht naar de planeet brengen.

Toning en neuriën zijn ook manieren om te communiceren in hogere trilling dimensies. In onze eigen dimensie kunnen we toning en neuriën gebruiken om te communiceren met onze baby's, dieren, planten en natuurlijk sterwezens.

Hoe te toneren: Meestal worden langwerpige klinker geluiden gebruikt voor toning, zoals AH (zoals in "ma"), EEE (zoals in "me"), OOO (zoals in "jij"), OH (zoals in "go"), enz. Vaak wordt het geluid AH gebruikt om te klinken omdat het geassocieerd wordt met onze hartchakra's en een krachtige energie heeft. In boeddhistische leringen wordt ook gezegd dat AH het oorspronkelijke geluid van de schepping is en door AH te zingen kunnen we één zijn met universele energie. OM, wat het bekende oergeluid van de schepping is (in hindoe traditie), klinkt als AUM (AH-OOO-M).

1. Ontspan.
2. Stel je intentie in.
3. Zing met een klinker geluid met één volle adem. Herhaal. Je kan op elke toonhoogte, luidheid of kwaliteit staan waar je je comfortabel bij voelt en mee resoneert. Luister echter ook naar jezelf en anderen om harmonieus te zijn. Als je stemcodes gestrest zijn, neuriet dan een tijdje om de stress te verlichten.
4. Wees na minimaal 5 - 10 minuten toning stil om het effect van de toning te maximaliseren.

How to Hum: Humming is de eenvoudigste manier om het meest effectieve zelf gecreëerde geluid te produceren. Er wordt ook gezegd dat neuriën het geluid van de schepping is en dat het altijd in ons is. Dus we neuriën altijd, bewust van het of niet.

1. Ontspan. Stel je intentie in.
2. Sluit je lippen en houd je boventanden en ondertanden iets uit elkaar.
3. Projecteer het geluid in de mondholte, neusholte en de rest van de schedel en borstholte.
4. Wees na minimaal 5 minuten zoemen stil om het effect van zoemen te maximaliseren.

ANDERE GELUIDEN

C #
De baan van de aarde rond de zon creëert een **zo laag** gezoem dat het menselijk oor het niet kan horen. Volgens Bashar, een ET die via Darryl Anka channelt, is de frequentie van deze toon ongeveer **hetzelfde als de noot** C# (scherp) op onze muzikale schaal. Hoewel het muzikale pad van de aarde rond de zon 33 octaven lager is dan midden C op onze piano's, kan je nog steeds profiteren van het luisteren naar deze frequentie in het bereik dat we kunnen horen. Bashar zegt dat als je jezelf op deze toon zet, je helderheid zult vinden en dingen moeiteloos zullen worden. Je begint letterlijk 'See Sharp'. De aarde zal je steunen zoals ze alles in de natuur ondersteunt. Je zou deze toon op de achtergrond kunnen spelen terwijl je mediteert op een CE-5. Er zijn verschillende versies op YouTube:

> C# solo: https://www.youtube.com/watch?v=6Q3KsrB1KM4
> C# met melodische boventonen en binaurale beats:
> https://www.youtube.com/watch?v=SBMXxm9X3P4&t=1254s

Anael en Bradfield
Anael en Bradfield zijn muzikanten die samenwerkten aan het Fire the Grid project dat Samoiya Shelley Yates leidde. (Haar verhaal is geweldig en gaat over ET-wezens - zoek "Shelley Yates Vancouver Speech" op YouTube om haar verhaal te horen.) *Sky Sent* en Be Still *Thy Soul* zijn twee prachtige nummers met als thema ET disclosure en de shift die nu plaatsvindt. Ik ken een CE-5-groep die zegt dat ET het echt leuk lijkt te vinden als ze het nummer Sky *Sent Spelen*. Luister naar de tekst en je zult begrijpen waarom! Beschikbaar op iTunes of ga naar https://anael.net/.

Leuke liedjes met betrekking tot UFO's of ET:
Maak een afspeellijst voor de roadtrip die je naar die speciale afgelegen locatie brengt:

- Anael and Bradfield - *Sky Sent*
- Babes in Toyland - *Calling Occupants of Interplanetary Craft* (Cover)
- Billy Bragg - *My Flying Saucer*
- Billy Thorpe - *Children of the Sun*
- Blue Rodeo - *Cynthia*
- The Carpenters - *Calling Occupants of Interplanetary Craft* (Cover)
- Credence Clearwater Revival - *It Came Out of the Sky*
- David Bowie - *Starman*
- Elton John - *I've Seen The Saucers*
- Five Man Electrical Band - *I'm A Stranger Here*
- Husker Du - *Books About UFOs*
- Jefferson Airplane - *Have You Seen The Saucers?*
- Kesha - *Spaceship* (Kesha zag in 2017 verschillende UFO's in Joshua Tree)
- Klaatu - *Calling Occupants of Interplanetary Craft* (Geïnspireerd door Wereld Contact Dag)
- Spiritualized - *Ladies & Gentlemen, We are Floating In Space*
- Yes - *Arriving UFO*

VOORBEELD CE-5 AGENDA'S

Modelleer je eerste paar CE-5's naar één van de volgende agenda's, totdat je je eigen unieke stijl ontwikkelt:

Onze typische CE-5
- Om je voor te bereiden, mediteer je drie keer in de week voorafgaand aan veldwerk
- Ga op de dag van contact in een cirkel zitten en stel de groep intentie in
- Noem het woord "Om" drie keer samen als opening
- Doe een meditatie met de ogen gesloten om verbinding te maken met één geest bewustzijn
- Oriënteer iedereen op de sterrenbeelden, planeten, noordster etc.
- Doe nog een meditatie, ogen open, kijken naar de hemel
- Sky watch en ruil verhalen, lach, eet snacks, wordt gezellig in de slaapzakken
- Tot slot, bedank iedereen en ET

CE-5 wetenschappelijke denkers
- Ga in een cirkel zitten en stel intenties voor de nacht
- Doe een oriëntatie van de hemel
- Bekijk essentiële elementen van contact: één geest-verbinding, een oprecht hart, duidelijke intentie
- Speel een Dr. Greer meditatie over Coherent Thought Sequencing
- Laat een astronomie-expert lesgeven over sterrenbeelden, sterren, planeten etc.
- Kijk naar de lucht en leer hoe je moet onderscheiden wat een geverifieerde UFO is en wat niet
- Bekijk de meest legitieme UFO-ontmoetingen, officieel vrijgegeven documenten, enz.
- Bespreek het samenspel tussen spiritualiteit en wetenschap, emoties en logica, hart en geest
- Silent skywatch losgekoppeld van analyse / denken ... richt je in plaats daarvan op eenheid en/of liefde. Sluit af met dank en waardering voor elkaars deelname aan dit experiment...

CE-5 Spirituele Mensen
- Ga in een cirkel zitten, houd je handen vast en doe een openingsgebed
- Stel een intentie voor de nacht in
- Doe een zuiverings meditatie
- Laat iemand een eenheid meditatie leiden
- Neem tijd om naar de hemel te kijken in stilte
- Zing samen een Puja, of laat één persoon het zingen
- Doe een meditatie om gekanaliseerde berichten te ontvangen die naar de groep zijn verzonden
- Speel wat klankschalen of de didgeridoo
- Meer sky watch
- Afsluiten: Handen vasthouden en zegen Moeder Aarde, Vader Hemel, elkaar, Bron en ET

Matt Maribona's CE-5
- Ga naar buiten.
- Denk aan alle keren in je leven dat je liefde hebt gevoeld, zoals toen je verliefd werd, een baby vasthield, getuige was van het overlijden van een geliefde, genoot van een ijsje op een zomerse dag, een puppy je gezicht liet likken, naar een zonsondergang keek, naar een vreemdeling glimlachte, danste op geweldige muziek, de harmonie van de natuur voelde, enz.
- Kijk omhoog, wetende dat ET daarbuiten is, en zeg "Hallo"

Josh's K.I.S.S. CE-5
- Luister naar een Dr. Greer meditatie
- Speel Pink Floyd en kijk naar de lucht

CE-5 gemodelleerd naar een CSETI-training expeditie met Dr. Greer
- Speel voor de start de graancirkel tonen af op luidsprekers. Gebruik een walkietalkie of radiozender om de tonen de ruimte in te zenden. Doe dit tijdens het instellen en tijdens de pauzes.
- Algemene discussie-, vraag- en antwoord periode.
- Doe een lucht oriëntatie.
- Gebruik laserpointers om ET de locatie van het team te signaleren.
- De puja ceremonie begint wanneer er een soort signaal is als een abnormaal licht. Sta voor de ceremonie. Zeg als alternatief een paar woorden van dankbaarheid die we elkaar hebben gevonden en bereid zijn te ontmoeten met als doel kosmische vrede op onze planeet te brengen.
- Leid naar een meditatie en ga dan 30 tot 45 minuten stil zitten in meditatie. Wijs één persoon toe als de skywatcher terwijl de groep de ogen sluit tijdens deze meditatie.
- Debriefing van meditatie en discussie gedurende ongeveer een uur tijdens het observeren van ET-evenementen.
- Heb pauze voor snacks, sociale gesprekken en nodige pauzes.
- Doe nog een ronde meditatie, gevolgd door debriefing en discussie.
- Sluit de cirkel door handen vast te houden en een gevoel van dankbaarheid te genereren.
- Na het veldwerk vier het met gezelligheid met wijn, kaas en crackers.

CE-5 van Lyssa Royal Holt
- Doe een openingsceremonie inclusief salie, verwelkom de lokale geesten en gidsen van het land.
- Vraag toestemming voor aanwezigheid op het land met behulp van een mantra zoals de Gayatri Mantra.
- Lyssa doet een channeling over het onderwerp van het leren van de dag, als je geen channeller hebt, kies dan een onderwerp voor ontwikkeling en praat ermee. Bij Lyssa's evenementen gaan de wezens verder via channeling om de groep door een contact meditatie te leiden.
- Als vreemde verschijnselen zoals weer anomalieën optreden, werk dan met dat om te zien wat er gebeurt buiten de menselijke perceptie die zich vaak vertaalt door de omgeving.
- Werk met een foto van ET om verbinding te maken met de energie van het wezen.
- De agenda is vloeiend en hangt af van omstandigheden, de groep en de berichten.

CE-5 Aotearoa – CE-5 voor nieuwe mensen
- Plan een informele bijeenkomst om de CE-5 voorafgaand aan de excursie te bespreken.
- Als je een nieuwe location kiest, vraag ET dan om advies en vraag hen om deze te bevestigen met een duidelijk teken.
- Nodig iedereen uit die meer wil weten over CE-5, in overleg met wat er als team nodig is.
- Oefen Coherent Thought Sequencing (via de CSETI app) voorafgaand aan het evenement.
- Op het evenement: Welkom door event facilitator, introducties, site/sky oriëntatie,wat te verwachten, etc.
- Buddy systeem: koppel nieuwe mensen aan waar mogelijk met ervaren teamleden
- Individuen delen hun intentie om op het evenement te zijn.
- Open met een ceremonie die iedereen oproept om te helpen bij onze overgang naar vrede om met ons mee te doen. Betuig dankbaarheid en dank hen en elkaar.
- Vul je hart met liefde door alles te erkennen waar je dankbaar voor bent, elkaar, familie, partner, huisdieren, de aarde, ce-5 kunnen doen, enz.
- CTS opening meditatie, dan in stille meditatie (op volgende pagina)

- Deel een groep in voor een korte pauze en loop over de plek voor degenen die dit willen doen, ervaren mensen ondersteunen die nieuw zijn op CE-5.
- Meditaties en discussie/delen voor de rest van de avond, gaan met wat van nature gebeurt.
- Sluit af met een dankbaarheids ceremonie, dank, gebeden, muziek, enz.

CE-5 Aotearoa – CE-5 voor ervaren teams

- Plan een evenement voor 3 of 4 nachten. Meer tijd zorgt vaak voor diepere ervaringen.
- Doe daily Coherent Thought Sequencing (CTS) meditaties voor deze site ten minste twee weken van tevoren.
- Stel de intentie in om verder verbinding te maken met specifieke wezens waarmee contact is gelegd. Communiceer duidelijk in CTS dat je wilt dat de relatie wederzijds is.
- Leer elkaar kennen en hecht je aan het vormen van een samenhangend team. Hoe dichter we zijn, hoe dichter ze zijn. Stel je elkaars gezichten voor (ook niet-mensen) bij het doen van CTS en focus op het werken als één.
- Maak een e-maillijst voor degenen die het evenement bijwonen en moedig communicatie aan.
- Schrijf alle dromen, Out of Body Experiences (OBEs), RV, numerieke sequenties of andere ervaringen op die mogelijk verband houden met de gebeurtenis. Deel met iedereen in de e-maillijst.
- Eet een week voor en tijdens het evenement lichte voedingsmiddelen (bij voorkeur vegetarisch).
- Begin met een openingsgebed/toning en vervolgens groepsdeling.
- Vooruitgang met een resonerende energie meditatie of iets dergelijks om de energiecentra van iedereen in het team op elkaar af te stemmen. Veranker dit aan de aarde en breid dit vervolgens uit en binnen naar alle parameters.
- Houd de energieke ruimte van liefde, vreugde, dankbaarheid en vrede vast in het team centraal.
- Houd de intentie voor wezens om te 'fuseren' met het team.
- Ga door het bio-elektromagnetische communicatieproces, dan in stille meditatie, dan in 'spreek wat je ziet'. Spreek wat je ziet sessies zijn wanneer het team zich in een gedeelde staat van RV bevindt (idealiter) en dus toegang heeft tot delen van dezelfde informatie. Vraag om bevestiging door middel van technologie present (tri-field meters etc.) en/of door gedeelde collectieve ervaring (beelden, gevoelens, ongewone sensaties, aantrekkingskracht op bepaalde gebieden op de site, enz.).
- Als er meer reacties zijn op de voortgang van de informatie naar een Q&A-sessie: verklaar met wie je contact hebt "Kan je bevestigen dat we contact hebben met een ET-wezen" enz., het vragen van het wezen om te bevestigen (ET, Hemels, Geest enz.). Als je een meter gebruikt, stel dan vragen met een "Ja" of "Nee" antwoord; "Nee" kan vaak stilte zijn, maar zorg ervoor dat je duidelijk maakt wat "Ja" is. Als er gedeelde beelden of gevoelens zijn, enz., blijf gefocused op hen en ontwikkel ze verder, vraag energetisch om meer informatie /begrip. Vraag aanwezige wezens om samen te voegen met het team. Ga met de stroom mee.
- Focus op energiestroom en informatie 'downloads'.
- Als er een energetische 'lock-on' optreedt (meestal gemeten met een tri-field meter) kan het team handen vasthouden en hun voeten op de grond zetten, zodat de energie wordt verdeeld en verankerd. Verdeel de energie vrij over CE-5-teams over de hele wereld, simpelweg door de intentie te hebben om dit te doen. Houd de intensiteit van deze downloads licht door het gevoel van vreugde vast te houden en te verankeren aan de aarde. Lach Eens. 😊 Laat informatie bekend worden.
- Mediteer en deel informatie voor de rest van de avond, gaan met wat van nature gebeurt. Moedig het team aan om alles wat wordt ervaren vrijelijk te delen.
- Sluit af met een dankbaarheids ceremonie voor iedereen die aanwezig was.

Robert Bingham's instructies voor het oproepen van UFO's

- Begin met een open hart en een open mind. Heb goede bedoeling. Concentreer je op een plek in de lucht. Zeg telepathisch: "Kom alsjeblieft. Dankjewel." Observeer de lucht.

<u>CE-5 activiteiten tijdens een Kosta ETLet'sTalk Retreat:</u>

- Doe een opening meditatie die de groep verbindt met elkaar, met de Global CE-5 Community en met The Universal One.
- Doe een energie zuiverende meditatie zodat alleen positieve energieën het groepsveld vormen.
- Oriënteer en leer over sterrenbeelden, sterren en planeten aan de nachtelijke hemel.
- Leer de juiste identificatie van ET versus door de mens gemaakte schepen en natuurlijke hemel- en grondverschijnselen.
- Leer het juiste protocol voor waarnemingen met betrekking tot hemel-locaties, gebruik van aanwijsapparaten, enz.
- Voer hemel observaties en mediteer. (Voor skywatch, wissel je af tussen stille skywatch en skywatch waar praten is toegestaan.)
- Deel belangrijke verhalen over ET Contact op de juiste momenten gedurende de nacht.
- Pauze voor de nodige behoeften, snacks en gezelligheid.
- Doe meer meditatie afgewisseld met skywatch.
- Sluit het veldwerk af door handen vast te houden en iedereen daar te bedanken, inclusief ET.

<u>Et-contactpersoon van James Gilliland</u>

James heeft geen agenda. Het skywatchen dat op de ECETI ranch gebeurt is casual en leuk. Zoals James zegt: "Het is het land. Ze zijn er gewoon. James' belangrijkste tip om waarnemingen te vergroten: "Om contact te maken, krijg je shit bij elkaar." Dat betekent werken aan het helen van je schaamte, wonden, kritiek, egoïsme, gehechtheid, hebzucht, ego, etc. Op de ranch is vreugde het hoofdthema. Cultiveer je "Bliss Hits", verwelkom gelach en liefde en zet je ogen naar de hemel.

<u>Geavanceerd protocol van het Alien Protocol</u>

Reserveer een of twee weken voorbereidingstijd om het volgende te doen:

- Eet geen vlees of eieren.
- Gebruik geen drugs of alcohol (medicijnen en ceremoniële wijn zijn oke).
- Ga twee meditaties van dertig minuten per dag zitten om verbinding te maken met eenheid en het universum, begrijp je volledige aard, laat je exacte locatie zien en visualiseer een specifiek verzoek van de ontmoeting die je wilt hebben.
- Neem twee rituele douches gedurende vijf dagen om slechte energie te verwijderen en trillingen te verhogen.
- Zie je angsten drie keer onder ogen door te mediteren op een donkere of griezelige plek... confronteer je angst met liefde.
- Verhoog theta hersengolven met chocolade, bijvoet thee, strategie / woordspellen en luisteren naar binaural beats.

Veldwerk wordt gedurende ten minste twee dagen uitgevoerd, op een veilige en privé locatie:

- Reinig de locatie met salie of heilige tabak verbranding.
- Mediteer als groep drie keer gedurende de dag en neem Tai Chi / Zonnegroeten en zing mantras.
- Doe 's nachts meditaties, vocale oefeningen, speel harmonische geluiden en maak verbinding met iedereen.
- Neem pen en papier mee om, gebeden, gevoelens, vertoningen op afstand te schrijven.
- Er zijn meer protocollen... de Alien Protocols Group zegt: "... als je zover bent gekomen, zullen zij de rest uitzoeken. . . knipoog!"

<u>Advies van Sixto Paz Well</u>

Hoewel we niet weten hoe een Rahma-contact gebeurtenis over het algemeen verloopt, hebben we wel instructies van Sixto die beschrijven wat volgens hem een van de belangrijkste vaardigheden is om te ontwikkelen bij het contacteren van ET's. Zie "Channeling as a Group" in de sectie Meditaties.

PROBLEEMOPLOSSINGEN

Let op:

Als je voor het grootste deel depressief, angstig, rancuneus, cynisch, sceptisch bent ook op een vijandige manier (gematigde scepsis is een goede zaak!) boos, gerechtigd, gemeen, pessimistisch, etc.... ja, je zult nog steeds consistente waarnemingen hebben...misschien op een dag!
Voor nu heb je nog wat werk te doen:

- Zoek een goede counselor of helderziende, of vind een aantal zelfhulpboeken, video's of bronnen.

- Accepteer dat je verantwoordelijk bent voor je leven en dat je je eigen realiteit en toekomst creëert, zelfs als je niet altijd alles hebt gekregen. Ja, het leven kan soms zo zijn, je zou iedereen de schuld kunnen geven, en je bent misschien dit gerechtvaardigd, maar waar haal je dat vandaan? Mobiliseer jezelf en stap in een betere versnelling. Maak vrede met jezelf en waar je bent.

Angsten:

Onze grootste collectieve angst voor contact met ET gaat misschien niet over ontvoeringen of Hollywoods weergave van buitenaardse aanvallen. Het kan de onbewuste angst zijn om ons ego te verliezen als we onze trilling hoog genoeg versnellen om met ET te communiceren (zie: Lyssa Royal Holt's boek *Prepare for Contact*). Als u geloofwaardigheid geeft aan gechannelde bronnen, kunt u gerust zijn, omdat minder belangrijke bronnen staat, dat u uw individualiteit niet zult verliezen naarmate u verder ontwikkelt, zelfs niet wanneer u uiteindelijk herenigd wordt met Bron. (Seth, Billy Fingers, De Hathors). Ongeacht wat je denkt dat het je angsten zijn, hoe meer je CE-5 doet en hoe meer je ontspant en je focus legt op wat je wilt, en je niet concentreert op je angsten, die angsten zullen na de tijd afnemen en je krijgt de ervaringen die je wilt.

En nu een CE-5 Discussie:

"Bestaan er negatieve ET's? "
Daarover wordt in de CE-5-wereld gediscussieerd. Dit document is niet bedoeld om je antwoorden te geven, het is bedoeld om je in de richting van je eigen verkenning en onderscheidingsvermogen te plaatsen. Sommigen denken dat elke ET met het vermogen en de technologie om tijd en ruimte te doorkruisen ook inherent spiritueel geavanceerd is. Sommige denken dat "service aan zichzelf" rassen hier zijn of waren en veel problemen hebben veroorzaakt.

Het hebben van meningsverschillen is een grote stap in je evolutionaire proces. Als je beslist wat je gelooft, zorg er dan voor dat je niet op andermans overtuigingen stapt. Mensen komen om gerechtvaardigde redenen tot hun eigen conclusies. Elke persoon is uniek, met zijn eigen persoonlijkheden, geschiedenissen, triggers, angsten, verlangens, eerdere geloofssystemen en realiteiten. Ja, ja, je hebt waarschijnlijk gelijk. En als je echt gelijk hebt, en je wilt pronken met de badge van spirituele integriteit naast je 'IK BEN GOED' knop, dan moet je ontspannen en andere toestaan om te handelen vanuit hun eigen realiteit. (Wacht even, was dit een sprituele ego val?) De ultieme realiteit heeft niet veel te maken met solide, onveranderlijke feiten. Ieder mens is zijn eigen universum, en de essentie van zijn leven ligt meer in zijn perspectief en houding dan in zijn woorden of materiële creaties. Om het samen te vatten: als je denkt dat iemand anders "verkeerd is omdat hij verkeerd is" ben je... Verkeerd. BOOM!

Ongeacht of je denkt dat negatieve ET's bestaan, kunnen we je verzekeren dat CE-5 een veilige plek is om te zijn. **We hebben nog nooit gehoord van een enkele negatieve ervaring** met **een** ET die het resultaat is van **een CE-5.** "Wij" is een groot aantal. Tientallen mensen hebben bijgedragen aan dit handboek, met tientallen jaren gecombineerde ervaring in een netwerk van duizenden. Als het gebeurd was, zouden we ervan gehoord hebben. CE-5 mensen houden van praten. (Zeker, er zijn verhalen verteld door CE-5 mensen die negatieve ervaringen hebben gehad met... andere CE-5 mensen!) Terug naar het onderwerp, we geloven dat het de liefdevolle hartruimte is die moet worden gecultiveerd om dit werk aan te gaan dat negatieve ET's uitsluit... als ze bestaan.

"Oké, laten we hier duidelijk zijn. Is er een kans dat ik ontvoerd word?"
Niet als je een soort CE-5 protocol gebruikt. Buiten CE-5 hoef je je nu minder zorgen te maken dan in voorgaande jaren. Rapporten over ontvoeringen zijn afgenomen.

Laten we een uitstapje maken en snel doornemen wat ontvoeringen kunnen zijn, omdat het een populair punt van zorg is. Sommigen geloven dat ET's die deelnamen aan ontvoeringen welwillende wetenschappers waren, die met ons DNA werkten om onze afstamming te beschermen en het proces was niet bedoeld om ons bang te maken. Ze denken dat degenen onder ons die een ontvoering hebben meegemaakt en herinneringen hebben kunnen bewaren, zich de gebeurtenis herinneren, net zoals een kind zich zou herinneren dat hij een medische procedure had laten uitvoeren die tegen zijn of haar wil was, maar op de lange termijn nuttig. Anderen geloven dat de ontvoeringen een niet-compassionate project waren, waar menselijk DNA werd geoogst voor de hybridisatie van een uitheemse soort of voor andere zelfbedienings doeleinden. In welk kamp je ook zit, men denkt nu bij bijna iedereen dat ontvoeringen die in deze tijd plaatsvinden militair-industrieel-complex-theater zijn, bedoeld om het publiek bang te maken en alle ET's te belasteren. Maar, zelfs in dit geval, wanneer heb je voor het laatst gehoord van een ontvoering? Misschien krimpt het budget van het leger om ons bang te maken. Wat ze ook waren, de hoogtijdagen van ontvoeringen zijn voorbij.

Dus ik hoef me geen zorgen te maken? Ik maak me nog steeds zorgen. Overtuig me. "
Misschien moet je een beetje voorzichtig zijn met negatieve entiteiten.

Zei je net negatieve entiteiten? WTF!? "
Maak jezelf niet druk. Wat is een negatieve entiteit? Als deze subgroep van leven bestaat, een negatieve entiteit kan zijn: geesten, interdimensionale wezens, negatieve gedachtenvormen, een negatieve sfeer, enz. Dat klinkt misschien eng, maar als je een goed person bent en je voelt je over het algemeen goed, dan hoef je nergens bang voor te zijn. Ik heb dit onderwerp verkend met een vertrouwde channeller. Haar gidsen zeiden dat negatieve entiteiten tegenwoordig voor het grootste deel relatief onschadelijk zijn, omdat de mensheid de trilschaal heeft opgeschoven. In dagen lang geleden kwamen "demonische" bezittingen en verontrustende effecten van negatieve entiteiten vaker voor. Negatieve entiteiten worden tot ons aangetrokken omdat we een krachtige fysieke kracht zijn die hen in evenwicht kan brengen en hen kan helpen uit hun hulpeloze traagheid te komen. Ze zijn meer parasitair dan wat dan ook en putten uit onze energie. Ze zei dat ze er in overvloed zijn, en om te onthouden dat onze omgeving ook vol zit met positieve entiteiten. Als je hoog trilt, zul je deze overlast niet eens opmerken. Als je een paar bijgevoegde entiteiten van je wil afstoten, is salie of zoetgras allemaal effectief vanwege de dichte, neutraliserende eigenschappen van de rook. Of doe het op een open plek zoals James Gilliland heeft voorzien in de meditatie sectie. Zorg ervoor dat je het subtiele verschil begrijpt tussen de semantiek van jezelf "beschermen" versus "genezen /opruimen". Eén positioneert je als slachtoffer. De andere positioneert je als een overwinnaar. Negatieve entiteiten zijn net zo krachtig als je ze laat zijn. Weet je of je zo'n frivool irriterend middel hebt aangetrokken? Dat zie je aan de manier waarop je je voelt en aan je gedrag. Zelfs als je niet in negatieve entiteiten gelooft, als je een eikel bent en je je rot voelt, of je je echt verdrietig, bang of moe voelt, moet je daar misschien iets aan doen!

"Ik zit vast aan het negatief ET ding"

Geen probleem, we hebben velen in onze groepen die geloven dat er negatieve ET's bestaan, dus we hebben dit punt van zorg grondig onderzocht. Laten we je kalmeren met deze theorieën:

- Sommige verhalen en channelings suggereren dat het proces van openbaring één van de manieren is waarop planeten evolueren.. Je bent misschien deel van een spirituele groep die van donkere planeet naar donkere planeet gaat, anderen opbeurend die onder de tirannie leven door hun te helpen contact te maken met beschavingen uit de ruimte. CE-5 en openbaring kunnen een heilig proces zijn van de planetaire verheffing die universele steun geeft en niet kan worden bespeeld door kwaadwillende wezens.

- In overeenstemming met de "CE-5 is heilig" theorie, is het zeer waarschijnlijk dat een galactische federatie bestaande uit vertegenwoordigers van zeer geavanceerde beschavingen samenwerkt om ET-rassen te beperken met een vijandige agenda wanneer ze de Universele Wet overtreden. We hebben allemaal recht op vrije wil, inclusief deelname aan het leven als daders en slachtoffers. Velen zijn echter van mening dat de corruptie op deze planeet veel te ver is gegaan. De aarde heeft hulp nodig. Dus, "dienst aan zichzelf" wezens over deze lijn, legioenen van "dienst aan anderen" wezens brengen hulp.

- Ter ondersteuning van deze theorieën, en in overeenstemming met de vermindering van gerapporteerde ontvoeringen, zeggen verschillende dat alle negatieve ET's die er zijn, sinds ergens in de jaren 1990 van de aarde zijn verwijderd en geëxcommuniceerd.

- Laten we theorieën vergeten en kijken naar deze vorm op een wet van aantrekking standpunt. Mensen die worden aangetrokken tot het maken van contact trillen op een veel hoger niveau en contact dan contact met wezens van een lagere trilling, daar is gewoon geen overeenkomst mee. Denk er eens over na, iedereen die bereid is om eruit te zien als een aparteling en CE-5 probeert, toont een eerste klas niveau van onbevreesdheid.

- Ten slotte is het contactniveau bij een groep mensen over het algemeen beperkt tot de "laagste gemene deler". Als één persoon bijvoorbeeld klaar is om direct face-to-face contact te maken, maar de rest van de groep niet, dan gebeurt het niet. Denk hier omgekeerd over na. Als één persoon van een veel lagere trilling is dan een stel gelukkige mensen, maakt de kracht van de gelukkigere mensen dingen gelijk en sluit de mogelijkheid uit om te communiceren met een badass ET of een negatieve entiteit.

Uiteindelijk moet je een beslissing nemen over wat je realiteit zal zijn. Het leven is niet voor niets een enorm buffet van contrasten, om te kunnen kiezen. Accepteer dat allerlei soorten negativiteit een deel van het leven is waar we van leren, zodat we de realiteit kunnen creëren die we willen. Dit is jouw show! Zorg voor jezelf en je eigen groei ook als je je onwel voelt, ga om met positieve- en gelukkige vriendelijke mensen. Vertrouw vooral op je zintuigen. Voel de sfeer van elke situatie die op je afkomt. Je weet of je er vanaf moet draaien of ernaartoe.

"Ik ben nog steeds bang"

Forceer het niet. Zie *Niet up-to-speed*, het eerste segment van deze sectie.

Tip: Als je geloofwaardigheid geeft aan channelingen, gebruik dan je onderscheidingsvermogen om ervoor te zorgen dat je goede informatie krijgt... sommige channelingen zijn kwetsbaar voor slechte interferentie of worden gewoon niet duidelijk ontvangen.

EEN WAARNEMING IN ZES MEETINGS

Wij geloven dat als je je concentreert op de drie belangrijkste ingrediënten:

1. Verbinding met het één geest bewustzijn
2. Een oprecht hart
3. Duidelijke intentie

Je binnen zes meetings zeker een waarneming hebt.

Als je met een paar andere mensen komt, des te beter. Probeer enkele van de suggesties in het boek. Je hebt geen laser pointers of radar scanners nodig – gewoon begeven onder de sterren.

Als je je waarnemingen krijgt, deel dan! Whohoe als je iets ziet, interne ervaringen, wat je proces was... Sluit je aan op ETLet'sTalk of een Facebook-groepspagina en probeer het uit!

- ETLet'sTalk: http://etletstalk.com/
- Het CE-5-initiatief: https://www.facebook.com/groups/205824492783376/
- CE-5, UFO, SIRIUS: ETLetsTalk.com: https://www.facebook.com/groups/1593375944256413/
- CE-5 Universal Global Mission: https://www.facebook.com/groups/1827858540868714/

Als je de instructies in dit handboek hebt gevolgd en je hebt geen waarneming gekregen in zes meetings, stuur ons dan een e-mail. Of vraag je dichtstbijzijnde groep in je land en dan kunnen we kijken wat je tegenhoudt.

calgaryce5@gmail.com

Zoals James Gilliland zegt: "Contact begint van binnenuit." We hopen dat dit handboek je inspireert om actie te ondernemen en je innerlijke zelf uit te breiden.

Yearly UFO Sightings: 1910 - 2010

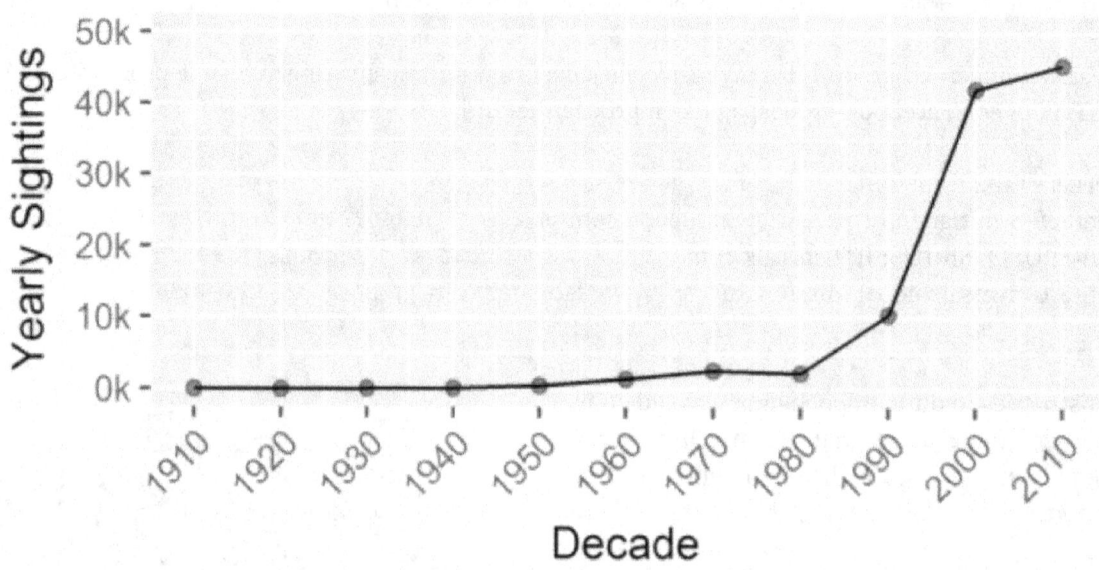

Data from: National UFO Reporting Centre
Compiled by: Sam Montford

DEEL DRIE:

OPINIE-REDACTIE /

BIJLAGE EN ANDERE DINGEN

VALSE VLAGGEN

Als je sceptisch bent en zo ver bent gekomen, prijzen we je voor je vermogen om verschillende perspectieven te tolereren. Wat de ultieme realiteit ook is, je toont een niveau van evolutie waarvan we geloven dat het zal bijdragen aan waarnemingen!

Laten we je verder testen.

Een 'valse vlag' is een terroristische daad die wordt gepleegd op de eigen burgers om hen te verenigen tegen een externe vijand en hen af te leiden van de echte dreiging, die eigenlijk vanuit het thuisland komt.

Werner Von Braun was een Duitse ruimtevaart ingenieur die na de Tweede Wereldoorlog naar de Verenigde Staten werd gebracht als onderdeel van Operatie Paperclip. Zijn assistent beschrijft zijn waarschuwingen aan haar over een valse vlag van epische proporties:

> "Wat voor mij het meest interessant was, was een repetitieve zin die hij keer op keer tegen me zei tijdens de ongeveer vier jaar dat ik de kans had om met hem samen te werken. Hij zei dat de strategie die werd gebruikt om het publiek en besluitvormers op te leiden, was om bangmakerij te gebruiken... Eerst worden de Russen beschouwd als de vijand. In feite waren ze in 1974 de vijand, de geïdentificeerde vijand. Dan zouden terroristen geïdentificeerd worden, en dat zou snel volgen. We hebben veel gehoord over terrorisme. Toen zouden we de derde wereld land 'gekken' identificeren. We noemen ze nu Nations of Concern... De volgende vijand waren asteroïden. Op dit moment grinnikte hij de eerste keer dat hij het zei. 'Asteroïden–tegen asteroïden gaan we op de ruimte gebaseerde wapens bouwen.' En de grappigste van alles was wat hij aliens, buitenaardsen noemde. Dat zou de laatste schrik zijn. En keer op keer tijdens de vier jaar dat ik hem kende en toespraken voor hem hield, zou hij die laatste kaart naar boven halen. En denk aan Carol, de laatste kaart is de buitenaardse kaart. We zullen op de ruimte gebaseerde wapens moeten bouwen tegen aliens en dat is allemaal een leugen."
>
> —Carol Rosin

Dr. Greer heeft ook voorkennis ontvangen over de mogelijkheid dat het Militair Industrieel Complex een "Alien Invasion" hoaxt om de macht te versterken en hun bestaan te rechtvaardigen.

Barbara Marciniak steunt een parallelle, vergelijkbare mogelijkheid en heeft zich gekanaliseerd over een voorspelde tijd waarin een ET-ras het overneemt als onze nieuwe leiders en dat we, in onze dwaasheid, hen vereren als Goden.

Gelukkig voor ons maakt het loutere bestaan van de *Unacknowledged* documentaire nu een ernstige deuk in een van deze snode mogelijkheden. Als een klucht als een van deze begint te rollen, is er niet veel werk nodig voor mensen om de documentaire met geliefden te delen om de gemeenschap van kennis te voorzien. Dat CE-5-groepen over de hele wereld contact op kunnen nemen met lokale media en bewijs kunnen leveren van hun ervaring met het communiceren met welwillende wezens. Misschien wil je dit in jouw proces opnemen, beeldmateriaal verzamelen en rapporten ook van genezingen alleen voor dit doel bijhouden.

Sinds 2001 houdt Carol Rosin zich bezig met politiek activisme om de bewapening van de ruimte te stoppen. Carol heeft het voortouw genomen in *het Verdrag ter voorkoming van het plaatsen van wapens in de ruimte*. Je beste bijdrage is een brief in jouw eigen woorden, die wordt doorgestuurd naar presidenten van natiestaten over de hele wereld. Ga voor meer informatie naar http://peaceinspace.com.

VRIJDAG

Een collega-Leider van Alberta en CE-5er, Charles Brygdes, zegt dat hij elke week denkt: "Misschien is dit de vrijdag waarop openbaarmaking gebeurt!" Hij richt zich op deze dag omdat Richard Dolan, UFO-onderzoeker, heeft voorgesteld dat openbaarmaking zal plaatsvinden op een dag waarop de aandelenmarkt een paar dagen kan worden gesloten als de wereld in shock is (en hopelijk een beetje stabiliseert). Openbaarmaking kan effecten hebben die ongemakkelijk of uitdagend zijn. Om deze reden lekken regeringen over de hele wereld langzaam documenten uit om ons te helpen wennen aan het nieuwe paradigma.

"Wanneer zal openbaarmaking plaatsvinden?"
Dat is een goede vraag. Richard Dolan heeft gezegd dat er een kans van 90% is dat het binnen twintig jaar zal gebeuren en dat zijn voorspelling conservatief is. (Zijn citaat is van 2016, dus dat is uit te rekenen tot 2036.) Bashar, zoals gekanaliseerd via Daryl Anka, voorspelt dat het tussen 2030 en 2033 zal zijn. Bashar doet niet vaak of licht voorspellingen en voorspelde wel 9/11. Dit giswerk is natuurlijk gerelateerd aan onze eigen persoonlijke acties. Hoe draag jij bij aan openbaarmaking?

"Wat dan – wat als, de openbaarmaking *niet gaat gebeuren?"*
We weten dat de criminelen die momenteel de macht aan het roer van de wereld uitoefenen, proberen de onthulling te onderdrukken om deze onderdrukkende tirannie van slavenarbeid te handhaven. Hoe weten we dat ze niet zullen slagen met hun valse vlaggen en versluiering?

Laat Bill Brockbrader's verhaal het antwoord vertellen. Bill was een op en top geheime militaire specialist die Tomahawk-raketten naar kleine Afghanistan-dorpen vloog tijdens niet oorlogstijd. Bill realiseerde zich dat wat hij deed verkeerd was en hij bevrijdde zichzelf uiteindelijk van de dienst. Daarna werd hij lid van Anonymous. Edward Snowden, een beroemde CIA-computer-man die ons de waarheid over de NSA gaf, maakte ook deel uit van dezelfde Anonieme cel. Edward had een afleidingsmanoeuvre nodig, want als er iets gebeurt in de buitenwereld dat inlichtingendiensten opwindt, gaat de interne veiligheid omlaag. In de Anonieme cel zei iedereen: Het is duidelijk dat de lokvogel Bill moet zijn – hij heeft het beste verhaal. Dus Bill stapte op. Toen Bill zijn interview deed met Kerry Cassidy die deze oorlogsmisdaden aan het licht stelde, sluisde Edward terabytes aan gegevens weg en vroeg asiel. (Bedankt Rusland!) Bill werd in gevangen genomen, veroordeeld tot een gevangenisstraf, en toen hij werd vrijgelaten, ging hij ondergronds. Zijn verhaal is echt heldhaftig. Nu je de context hebt van wie Bill is, is hier het sappige deel (zoals alles wat niet sappig genoeg was?): Toen Bill voor het leger werkte, vroegen ze hem om een nevenproject te doen vanwege zijn hoge intelligentie en paranormale vermogen. Hij werd gevraagd om te kijken naar Project Looking Glass, een apparaat dat de MIC eerder gebruikte om de toekomst te voorspellen. Ze vroegen hem: "Welke tijdlijn zal winnen?" Bill boog zich over de gegevens en gaf hen het antwoord: Alle potentiële tijdlijnen zijn samengevouwen in één tijdlijn; er bestaat nu slechts één uitkomst. De rest van wat hier op aarde gebeurt, is als het eindspel in het schaken waar de verliezer, in plaats van zich neer te leggen bij een bevestigd verlies met waardigheid, aan het klauteren is om hun heerschappij te verlengen. Spoiler alert: De goede gaan winnen.

Ik kan persoonlijk instaan voor Bill's onvermoeibare partner, Eva Moore, een mede Canadees, die een klokkenluider en activiste op zich is. Ik ken haar al vele jaren en ze is een van de meest serieuze, dapperste, sterkste vrouwen die ik ken.

Of het nu deze vrijdag is of 982 vrijdagen vanaf nu, openbaarmaking gaat gebeuren!

VRIJE ENERGIE

Er is echt een goed YouTube-video-interview met Daryl Anka over Ascension en de New World Order (https://www.youtube.com/watch?v=vRtbvXp3wkw). Hier is een samenvatting met enkele van onze aanvullende gedachten:

- Niemand heeft je onder controle.

- Zodra je je eigen kracht realiseert en je frequentie verhoogt, zullen de meest gewenste manifestaties zich ontvouwen. (Of, als je het op een andere manier bekijkt, zul je frequenties verhogen en naar een verbeterd parallel universum gaan.)

- Kortom, alles waar we tegen vechten, verankeren we aan onze realiteit.

- Hoe meer we ons richten op wat we niet willen, hoe meer we ze ervaren.

- Om dingen te laten veranderen, moeten we liever een realiteit hebben dan dat we die nodig hebben.

- Als we iets wanhopig willen, blijft het van ons weggaan en blijven we er achteraan jagen.

- Er is niemand die "vrije energie" voor ons houdt. We hebben geen openheid nodig om bij vrije energie te komen. Veel mensen hebben gratis energie-apparaten gemaakt. Van sommige mensen zijn hun apparaten in beslag genomen, laboratoria afgebrand of gedood. Sommigen hebben vrije energie gecreëerd en hebben hun methoden niet laten arresteren. (Iemand in onze groep heeft een gratis energie demonstratie in Quebec gezien door Daniel Pomerleau. Niemand heeft het tot nu toe kunnen begrijpen of repliceren! We denken dat hij zijn eigen energieveld of bewustzijns technologie als katalysator gebruikt, wat misschien de reden is waarom zijn apparaat niet is ingenomen.) In beslag genomen of niet, zullen onze wetenschappers de inspiratie krijgen om ze opnieuw te creëren, evenals de juiste intuïtie die ons begeleidt om het veilig te doen. Wanneer we in overeenstemming zijn met de bron, zullen de juiste ideeën op de juiste momenten aankomen.

- Angst trekt als een magneet dingen die je niet wilt, maar een beetje voorzichtigheid is een goede zaak. Dit is wat we hebben gehoord over het veilig ontwikkelen van vrije energie. Zodra je een gratis energie apparaat inschakelt, kan scantechnologie lokaliseren waar die energie wordt gecreëerd. En dankzij Edward Snowden weten we dat "zij" elke digitale actie die je onderneemt kunnen volgen. Naar verluidt maakt het niet eens uit of je telefoon is uitgeschakeld. We hebben ook gehoord dat er satelliet-camera's zijn die live in je buurt kunnen inzoomen. Dat is een beetje een puzzel om rond te komen, maar het kan en zal creatief worden opgelost...

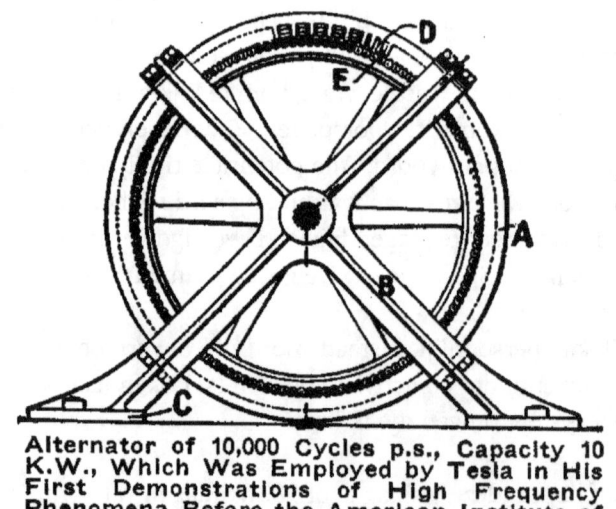

Alternator of 10,000 Cycles p.s., Capacity 10 K.W., Which Was Employed by Tesla in His First Demonstrations of High Frequency Phenomena Before the American Institute of Electrical Engineers at Columbia College, May 20, 1891. Fig. 1.

DE WERELD VERANDEREN

Je hoeft de wereld niet te redden. We hebben geen onthulling nodig. We zijn hier om te groeien. De aarde zou in een miljoen stukken kunnen breken en, hoe tragisch dat ook zou zijn, het zou uiteindelijk in orde zijn. Misschien is er een parallelle wereld waar dit al gebeurd is. Misschien zijn er aarden waar de Gouden Eeuw al in volle kracht is. (Hoe zijn we hier vast komen te zitten?) Dat neemt de druk weg, nietwaar? We zijn eeuwig en verkennen en zijn in elke realiteit, elke uitkomst.

Hoe zit het met het opbeuren van de mensheid? Jezelf geven is een bijproduct van je ontwikkeling. Het voelt goed. Dus naarmate we ontwikkelen, zijn we gedwongen om meer te geven. Het is een natuurlijk impuls en de uitkomst van je evolutie. Naarmate je je ontwikkelt, zal je begrijpen dat we allemaal één zijn en onrecht aangedaan aan één iemand is onrecht aandoen aan iedereen. Je zult je realiseren dat je echt alles en iedereen bent. Het is een grappige paradox, omdat hoewel je vanzelf meer namens iedereen zult handelen, je ook zult realiseren dat je je niet druk hoeft te maken om de andere 'jij' op hun eigen reis, of de uitkomst van dit alles. Elk persoon heeft alsnog zijn eigen vrije wil. Je kan niet iedereen controleren. Concentreer je op jezelf, geniet van alles, en het pakt allemaal vanzelf uit, zelfs als dat niet zo is.

Wat je ook doet, verzet je niet tegen wat je niet wilt. Oordelen zet wat je haat om in je eigen realiteit. De sleutel om te komen waar je wilt zijn is om VOORKEUR te geven in plaats van zeggen wat je NODIG hebt. Dus als je denkt aan de Federal Reserve, de criminele tirannie en slavernij, dat ze zo meesterlijk hebben gemanipuleerd, zeg dan tegen jezelf: "Ik geef de voorkeur aan …". Als je toch angst voelt voor dat syndicaat, geef je je eigen krachten weg. En misschien zal je ook naar een parallelle realiteit verplaatsen waar IJsland zichzelf nog niet uit heeft geschopt. (Ja, dat hebben ze gedaan, en wij kunnen dit ook!) Zoals het adagium luidt: Waar je het meeste bang voor bent trekt naar je toe als een magneet. Bah.

Wat te doen? Onderneem geïnspireerde actie: doe wat je raakt en blij maakt! Realiseer je dat we allemaal één zijn, en wanneer je macht, vrijheid of soevereiniteit voor jezelf wilt, handel dan namens iedereen in de geest van liefde en we zullen er allemaal samen zijn en alles claimen wat al die tijd van ons is geweest. Gooi de rol uit die je wilt in deze spannende tijd en geniet vooral van het proces. Het leven is bedoeld om ook LEUK te zijn!

We willen onze voorkeur met je delen: dat je doet waar je je geroepen voor voelt, en je bewandelt dat pad ondanks angst, waarbij je de meningen van alle anderen negeert, inclusief wat we je ook verkopen op onze eigen zeepkist. Je hebt dit boek echter wel gehaald. Dus we denken dat je misschien deel wilt uitmaken van de visie die we duidelijk kunnen zien voor onze toekomst. We zouden het geweldig vinden als CE-5 een deel van je leven zou maken, want #1 weten we uit de eerste hand hoe leuk het is, en #2 zou het geweldig zijn als meer mensen de wetenschap zouden verspreiden dat ET's echt zijn voor al onze geliefden, met getuigenverklaringen uit de eerste hand als bewijs.

We hebben geen openbaarmaking nodig om sneller te gaan, maar het zou zeker leuk zijn, nietwaar? Laten we deel uitmaken van een realiteit waar openbaarmaking eerder dan later plaatsvindt, en we allemaal de overvloed kunnen ervaren die we verdienen.

THE PEOPLE'S DISCLOSURE MOVEMENT

Hoe kunnen we disclosure helpen ontvouwen? De People's Disclosure Movement is een initiatief georganiseerd door een groep mensen die de kracht van de bijdrage van de gewone man hebben gerealiseerd en er in vorm een stem aan hebben gegeven. Kosta Makreas richtte deze beweging op in oktober 2010. De beweging heeft duizenden mensen over de hele wereld geactiveerd. Het heeft mensen veranderd van 'gelovigen' in 'kenners'. Het heeft ertoe geleid dat mensen hun macht terugnemen van de autoriteiten. Onderdeel van die beweging is "The Global CE-5 Initiative" ook bekend als "ETLet'sTalk" dat sinds de oprichting in 2010 maandelijks ET Contact-teams in het veld plaatst. Je kan je massaal tussen deze fijn gevederde community begeven door je te registreren bij http://etletstalk.com/.

Je bent een invloedrijk en integraal onderdeel van de openbaring. Het UFO-onderwerp kan een hot topic zijn. Je zult jezelf echt steeds gefrustreerd uitlaten om mensen te overtuigen van jouw waarheid. Maar doe niet te veel moeite—het is tijdverspiling. Vanuit een universele wet gebaseerd perspectief zal dat een verankering zijn van de realiteit. Wat het ook is waar je tegen vecht, je boeit jezelf vast.

Je kan een ambassadeur worden van de mensheid. En het is makkelijk:

- Houd elke maand een CE-5 meeting

- Als je familie, vrienden en collega's je vragen wat je in het weekend hebt gedaan, vertel het hen dan. Als je regelmatig CE-5 doet, heb je altijd een soort UFO-nieuws te delen.

- Deel vrijuit wie je bent en wat je passies zijn. Ik vertel mensen vaak als ik ze voor het eerst ontmoet dat ik een UFO-gek ben.

Dat is alles! Hoe gaat dit in zijn werk? Allereerst worden de woorden UFO, ET, CE-5 etc., in de dagelijkse volkstaal van ons bewustzijn als geheel. Elke toevallige vermelding legitimeert de beweging.

Ten tweede is je verhaal belangrijk. Voor de gemiddelde persoon, wanneer je je verhaal laat vallen is het verleidelijk en interessant. De meeste mensen geloven dat we niet alleen zijn in het universum. In kleinere aantallen (maar op een of andere manier luider) zijn de sceptici, die niet overtuigd zullen worden ondanks de bewezen documenten die de overheden uitbrengen. Als je echter zegt dat je een onverklaarbaar licht aan de hemel zag bewegen op een manier die geen ander conventioneel door mensen gemaakt vaartuig kon bewegen, met andere getuigen, je was niet high, dan treedt er een breuklijn op in hun realiteit. Het is een langzaam bewegende scheur, maar deze geplante zaden zijn wel belangrijk.

Hoe Kosta werd geïnspireerd om The People's Disclosure en het network ETLet'sTalk te starten:

"In juli 2010, na bijna 4 jaar onderdompeling in CE-5 training met veel succesvol ET Contact, wist ik dat er honderden, misschien wel duizenden mensen zoals ik over de hele wereld waren die hetzelfde deden.

"Ik had een inspiratie: waarom verbinden we ons niet allemaal tot een coherente gemeenschap? Misschien zou dat onze inspanningen synergiseren. Ik vroeg mijn spirituele leiding of het de tijd, energie en moeite waard was om zoveel mensen op zo'n schaal te 'organiseren'.

"Ik schrok om telepathische communicatie te ontvangen van wat ik tegen die tijd herkende als een ET-bron:

'Creëer zo snel mogelijk zoveel mogelijk contact-teams, op zoveel mogelijk plekken.'

... kwamen de woorden in mijn hoofd.

'Wat zal dat bereiken?' Ik vroeg het.

'Naarmate meer mensen vragen om ons in de lucht te zien, geeft dit ons toestemming en gelegenheid om op veel meer plaatsen in je hele wereld te verschijnen. Dit zal ertoe leiden dat nog meer mensen ons zien... die dan op grotere schaal zal vragen om ons te zien. Dit zal ons in staat stellen om op nog meer plaatsen te verschijnen, enzovoort. We noemen dit een 'deugdzame cirkel'. Op een dag zal het bewijs van onze aanwezigheid in de hemel van uw wereld te overweldigend zijn om te ontkennen.'

"Ik was geschrokken van deze informatie, maar toch heel, heel blij.
Hun verzoek was eenvoudig, duidelijk en direct!"

Dr. Greer moedigt hetzelfde aan. De openbaarmaking heeft geen controle meer over de regeringen of de kartels. Het gebeurt al en het is aan ons om onszelf te bevrijden. Greer inspireert ons tot actie met een gezegde dat werd ingeboord bij studenten van een medische school:

"Leer één, doe één, leer er één."

We sluiten ons aan bij dit koor in uitnodiging voor jou: start een team en leer anderen hoe ze hun eigen teams moeten starten. Maak deel uit van een van de grootste, meest opwindende bewegingen die zullen helpen vrede te brengen op deze planeet.

PAS OP VOOR VERDEELDHEID

We zijn allemaal één. Als we iemand veroordelen, doen we onszelf pijn.

Als je iemand kritiek hoort geven op een ander, onthoud dan dat elke aanval een schreeuw om hulp is. Vergeef de aanvaller. Zeg iets opbeurends over de persoon die bekritiseerd werd. Focus je aandacht opnieuw op het helen van de aanvaller. Wat hebben ze nodig? De meeste mensen willen gewoon liefde. Houd van ze.

Als je uitgroeit tot je eigen verlichting zul je van iedereen houden. Zelfs Hitler. Dit komt omdat naarmate we evolueren, we inclusiever en minder exclusief worden. We begrijpen ook de uiteindelijke realiteit beter: dat we in deze vorm komen en vreselijke dingen met elkaar doen, wetende dat uiteindelijk het resultaat verzekerd is en het allemaal slechts een spel was voor ons om te ervaren wie we echt zijn. Wij zijn Liefde. Wie zegt dat je ergste vijand niet je meest kostbare minnaar is die zijn rol in het leven perfect speelt?

Denk je dat iemand dom, slecht of zelfs een dis-info agent is? Zegen ze en negeer ze dan. Laat ze hun gekke leven leiden. Denk je dat je nog nooit een vorig leven hebt gehad waar je net zo onontwikkeld was? Gegarandeerd dat we allemaal gruwelijke dingen hebben gedaan in vorige levens lang geleden. Vreselijke dingen dat als we ons ervan bewust waren, we de rest van onze dagen niet zouden slapen.

Telkens als iemand iemand anders veroordeelt, gaat contact verder weg. Dit geldt voor iedereen. Wie heb je iets verkeerd aangedaan? Je moeder, broer of ex-geliefde? Wow we hebben allemaal wat werkt te doen!

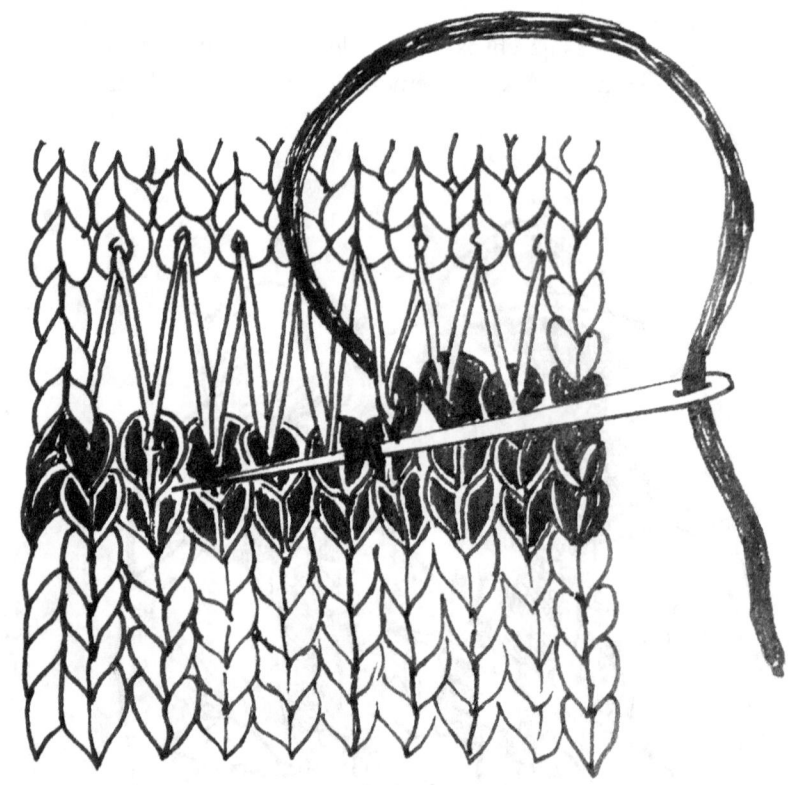

"Om open contact te krijgen, moeten we veel samenhangender worden en stoppen met vechten... weigeren om onze vibratie te verhogen is een beslissing om geen contact te maken met een beschaving die veel hoger trilt dan wij."
 –Daryl Anka/Bashar

"Als we ons niet verenigen in onze overeenkomsten, zullen we oplossen in onze verschillen"
 –Samoiya Shelley Yates

HOE EEN BEWEGING WORDT VERNIETIGD

Als de algemene bevolking zich ervan bewust wordt dat er vrije energie bestaat, zullen energie-, financiële en energiesystemen afbrokkelen. Degenen die momenteel aan de macht zijn, gebruiken vele wegen om hun welvaart en controle te behouden. Agencies zoals de Joint Threat Research Intelligence Group (JTRIG) voeren programma's uit om reputaties te ruïneren die de waarheid aantasten en verniel-bewegingen. Ze hebben motto's als: "The 4 D's: Deny, Disrupt, Degrade, and Deceive."

Enkele van hun technieken:

- "Een van de belangrijkste zelf geïdentificeerde doeleinden van JTRIG zijn twee tactieken: (1) om allerlei valse materialen op het internet te injecteren om de reputatie van zijn doelen te vernietigen; en (2) sociale wetenschappen en andere technieken te gebruiken om online disclosure en activisme te manipuleren om resultaten te genereren die het wenselijk acht."

- 'Honey traps' (mensen lokken in compromitterende situaties met behulp van seks).

- "False flag operations" (materiaal op internet plaatsen en ten onrechte aan iemand anders toeschrijven).

- Fake slachtoffer blogposts (doen alsof ze een slachtoffer zijn van het individu wiens reputatie ze willen vernietigen), en het plaatsen van "negatieve informatie" op verschillende forums.

Neem een kijkje naar deze dia, onderdeel van het instructiemateriaal om agenten te helpen om de 'game' resultaten te leren. Wij geloven dat de CE-5 wereld al het doelwit is geweest. Om deze beweging sterk te houden, moeten we ons richten op onze gedeelde ideologie, gemeenschappelijke overtuigingen en ons verenigen tegen degenen die niet voor iedereen vrijheid willen.

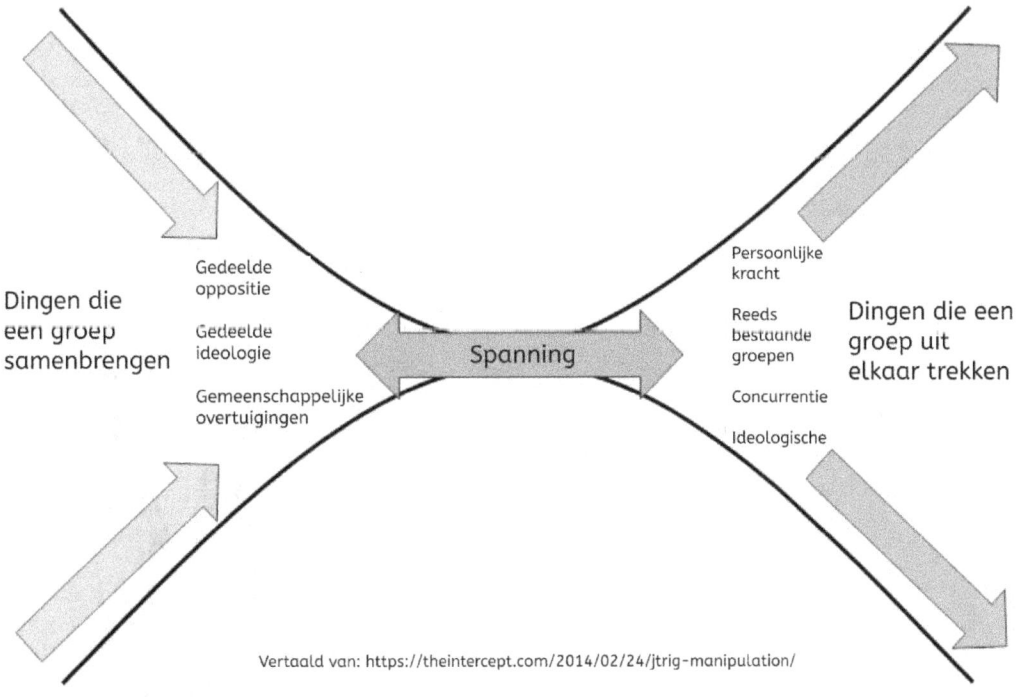

SECRET//SI//REL TO USA, FVEY

Het Identificeren en exploreren, het samenwerken binnen groepen

Dingen die een groep samenbrengen

Gedeelde oppositie
Gedeelde ideologie
Gemeenschappelijke overtuigingen

Spanning

Persoonlijke kracht
Reeds bestaande groepen
Concurrentie
Ideologische

Dingen die een groep uit elkaar trekken

Vertaald van: https://theintercept.com/2014/02/24/jtrig-manipulation/

DE TOEKOMST

Ik laat je achter met een kort verhaal over mijn 7-jarige zoon die aan ET wordt voorgesteld. We waren in Banff National Park, gebundeld om voor het eerst samen sterren te gaan kijken.

We keken naar de Melkweg en hij hield van de laserpointer. Hij zei dat het was als een lichte sabel die voor altijd de ruimte in ging. Ik zag een vallende ster (of streaker) en wees hem op waar het was geweest. Hij had nog nooit een vallende ster gezien en ik hoopte dat hij er die avond nog een zou zien, maar ik dacht, *hoe gaat hij er een zien als ze zo snel voorbij gaan?*

 Op zijn leeftijd kost het veel tijd om informatie uit de wereld te filteren en zo'n klein snel licht zou erg moeilijk te vangen zijn. Terwijl we naar de sterrenbeelden keken, vertelde ik hem dat we ook op zoek zijn naar UFO's en dat ze eruit zien als cameraflitsers. Hij werd erg opgewonden en zei "Hallo Aliens!" naar de hemel en geen moment later zag ik een flashbulb! Met de laserpointer omcirkelde ik de locatie waar de flitslamp was verschenen en toen hij zich op die plek concentreerde, zagen we er allebei nog ongeveer 5 of 6 achter elkaar. We waren zo opgewonden, piepend en lachend en schreeuwend in het donker. Hij vroeg of dit is wat ik deed en ik zei: "Ja." Hij zei dat hij niet wist dat het zo leuk was.

We zeiden: "Dank U" en bleven wijzen op constellaties.

Toen hij het koud kreeg, maakten we ons klaar om te gaan en ik zei "Doei iedereen!" tegen de lucht. Hij keek omhoog, zwaaide en zei "Doei!" Meteen nog een grote flashbulb! Wat met zijn nog steeds ontwikkelende vermogen om zo'n snelle flits te vangen, hij miste het, maar zodra ik hem erop wees waar het was geweest, was er een vallende ster. Zijn eerste vallende ster. (Of streaker!) Ik heb mijn wens voor hem gedaan. Hij deed een wens voor zichzelf, en we gingen naar binnen.

Stel je de wereld voor die we helpen creëren voor onze kinderen, die al klaar zijn om het te ontvangen.

Met liefde voor jullie allemaal,

Cielia en de Calgary CE-5 Groep

CE-5 LOGBOEK SJABLONEN

Gebruik de sjablonen op de volgende pagina's om jouw veldwerk bij te houden. Als je de drie belangrijkste elementen hebt vervuld (1. Verbinding met het één geest bewustzijn, 2. Een oprecht hart, 3. Duidelijke intentie) geloven wij dat je ten minste één waarneming zal hebben gehad tegen de tijd dat je alle zes de logboeken hebt ingevuld.

CE-5 Log 1
Date: _____
Location: _____
Start/End Time: _____

In Attendance:

_____
_____

Agenda:

_____   _____
_____   _____
_____   _____
_____   _____
_____   _____
_____   _____
_____   _____

Int./Ext. Experiences or Sightings:

_____
_____
_____
_____
_____
_____
_____
_____
_____
_____
_____
_____
_____
_____
_____
_____
_____
_____
_____
_____
_____
_____
_____

CE-5 Log 2

Date: _____

Location: _____

Start/End Time: _____

In Attendance:

_____

_____

Agenda:

_____   _____
_____   _____
_____   _____
_____   _____
_____   _____
_____   _____

Int./Ext. Experiences or Sightings:

_____
_____
_____
_____
_____
_____
_____
_____
_____
_____
_____
_____
_____
_____
_____
_____
_____
_____
_____
_____
_____
_____
_____

CE-5 Log 3
Date: _____
Location: _____
Start/End Time: _____

In Attendance:
_____
_____

Agenda:
_____   _____
_____   _____
_____   _____
_____   _____
_____   _____
_____   _____
_____   _____

Int./Ext. Experiences or Sightings:
_____
_____
_____
_____
_____
_____
_____
_____
_____
_____
_____
_____
_____
_____
_____
_____
_____
_____
_____
_____
_____
_____
_____

CE-5 Log 4

Date: _____

Location: _____

Start/End Time: _____

In Attendance:

_____

_____

Agenda:

_____   _____
_____   _____
_____   _____
_____   _____
_____   _____
_____   _____
_____   _____

Int./Ext. Experiences or Sightings:

_____
_____
_____
_____
_____
_____
_____
_____
_____
_____
_____
_____
_____
_____
_____
_____
_____
_____
_____
_____
_____
_____
_____
_____

CE-5 Log 5
Date: _____
Location: _____
Start/End Time: _____

In Attendance:
_____
_____

Agenda:

_____   _____
_____   _____
_____   _____
_____   _____
_____   _____
_____   _____
_____   _____

Int./Ext. Experiences or Sightings:

_____
_____
_____
_____
_____
_____
_____
_____
_____
_____
_____
_____
_____
_____
_____
_____
_____
_____
_____
_____
_____
_____
_____
_____

CE-5 Log 6

Date: _____

Location: _____

Start/End Time: _____

In Attendance:

_____

_____

Agenda:

_____   _____
_____   _____
_____   _____
_____   _____
_____   _____
_____   _____
_____   _____

Int./Ext. Experiences or Sightings:

_____
_____
_____
_____
_____
_____
_____
_____
_____
_____
_____
_____
_____
_____
_____
_____
_____
_____
_____
_____
_____
_____
_____

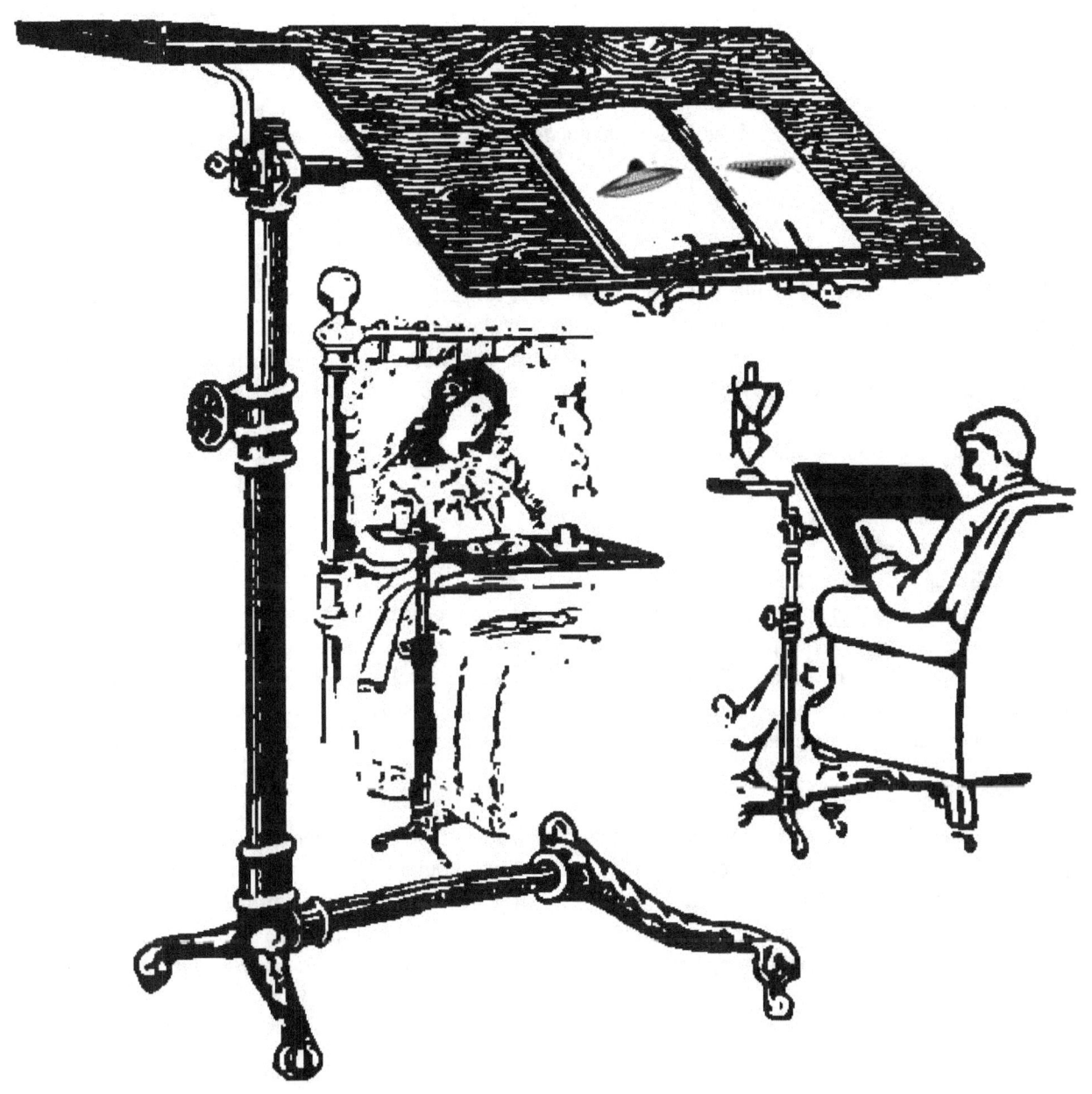

WIE IS WIE

Er zijn een aantal belangrijke bijdragers in de contactwereld en/of CE-5. Veel van deze mensen doen momenteel moeite om met ET's te communiceren, en je kan bij ze aansluiten op een retraite.

Sixto Paz Wells - Spanje en Latijns-Amerika
Sixto startte Rahma in 1974, de eerste moderne, gestructureerde, internationale ET-contactgroep. Rahma werd gevormd met de missie om ET-beschavingen te overbruggen met mensen in het belang van de planeet en de mensheid. Sixto staat bekend om het oproepen van de internationale pers tot tien waarnemingen voorafgaand aan hun optreden. De Spaanse wereld van de ufologie is anders dan de Engelse wereld: informatie over de aanwezigheid van ET's op aarde is veel meer beschikbaar op het Spaanse web en het contact is dichterbij en directer geweest. Dit is waarschijnlijk het gevolg van de structuur van hun directe, duidelijke en consistente taal, die het bewustzijn van de cultuur als geheel weerspiegelt, en hun bereidheid tot contact. http://www.sixtopazwells.com/

Enrique Villanueva - Westkust, Verenigde Staten
Enrique kwam in 1988 bij Rahma en startte in 2009 een satellietgroep in Los Angeles. Momenteel werkt Enrique als professioneel hypnotherapeut in Californië en runt hij elke zomer een contact retraite op Mt. Shasta, gebaseerd op de Rahma-contact protocollen.

We weten niet veel over Enrique, dus laat dit citaat voor hem spreken.
Hij zegt: "Zij (ET) zeggen dat het belangrijkste contact niet het contact met hen is, maar het contact binnenin.
Zodra je dat niveau hebt bereikt, is het contact met hen een gevolg van je voorbereiding.
Dus ze staan altijd open en wachten tot we dat niveau bereiken en dan zullen ze de ervaring voor je activeren.
Het is een uitnodiging om ons bewustzijn uit te breiden. En ze zijn er al.

We hebben geen ambassadeurs nodig. Ieder mens kan een ambassadeur zijn."
https://www.facebook.com/enrique.villanueva.56,
http://enriquevillanueva.weebly.com/

Dr. Steven M. Greer - Zuidoostelijke VS
Steven Greer, MD was een arts op de eerste hulp wiens leven een onverwachte wending nam in de wereld van ET, overheidscorruptie, doofpot, black-ops, kunstmatige ruimtevaartuigen, in beslag genomen gratis energie-apparaten, klokkenluiders en informanten. Vanaf 1990 doceerde hij het CE-5 protocol via de groep CSETI. Hij is briljant, energiek en intens loyaal aan zijn vaak uitdagende pad. Hij leidde The Disclosure Project in 2001, heeft meerdere boeken gepubliceerd en heeft meerdere grote documentaires geproduceerd. www.siriusdisclosure.com

Lyssa Royal Holt - Arizona, Japan
Lyssa was een origineel lid van CSETI rond de jaren 90 en ging verder met het leiden van een contactteam in Arizona, waar zij en haar groep meer informatie kregen over contact methodologie via haar channeling proces. Sinds 2010 werkt haar groep met het betreden en werken binnen kwantum manieren van bewustzijn. Haar *boek, Prepare for Contact*, is een essentiële handleiding die de intieme verbinding beschrijft tussen waarnemingen en de ontwikkeling van je bewustzijn. Je kunt met haar trainingen en speciale evenementen bijwonen in Arizona, Japan en andere locaties. http://www.lyssaroyal.net

James Gilliland - Pacific Northwest Verenigde Staten
James is de oprichter van ECETI (Enlightened Contact with ET Intelligence), dat zich op het land in de wildernis van de staat Washington bevindt, waar een lange geschiedenis van UFO-waarnemingen honderden jaren teruggaat. Het staat ook bekend als "The Ranch", en bestaat al enkele decennia. Mount Adams is in de buurt en heeft misschien een intergalactische ET-basis binnen-we kennen iemand die een deur in de berg zag openen en vervolgens UFO's in en uit zag vliegen! James is aardig, knap en zit vol met dad jokes. Om The Ranch te bezoeken, moet je eerst een privé-uitnodiging aanvragen - ga naar zijn website. http://www.eceti.org/

Kosta Makreas - Westkust, Verenigde Staten
Kosta is de lijm van de CE-5 wereld. Hij maakt sinds 2006 succesvol ET Contact en heeft The People's Disclosure Movement, The Global CE-5 Initiative en de ETLet'sTalk Community bedacht. De ETLet'sTalk Community heeft meer dan 20.000 leden in meer dan 100 landen. (Voor meer informatie over dit belangrijke netwerk zie de sectie die the People's Disclosure beschrijft)
Hij heeft zijn leven gewijd aan het verspreiden van bewustzijn en hoop via zijn projecten door empowerment via gemeenschap voor de gewone man te vergemakkelijken. Hij is nobel en nuchter tegelijk. Zijn lieve partner Hollis Polk werkt samen met hem terwijl ze mensen vakkundig leert hoe ze hun natuurlijke psychische krachten kunnen herkennen en ontwikkelen om een betere ET Contact-ervaring te creëren. Ze zijn een machtskoppel om rekening mee te houden. http://etletstalk.com/

De wat kleinere onder ons maar we houden van deze jongens

Mark Koprowski – Tokio, Japan
Mark komt oorspronkelijk uit Minnesota en runt sinds 2013 CE-5-evenementen in Japan. Hij heeft een aantal contact retraites over de hele wereld gehad en weet wie wat doet en waar. Mark heeft onze groep veel en goed advies gegeven, waarvan een groot deel in dit handboek staat en dat ons enorm heeft geholpen met onze vooruitgang. Mark heeft ook geholpen als bijdrager aan dit boek. Als je de website of Facebook-pagina van zijn groep bezoekt, vindt je enkele interessante artikelen, video's en CE-5-veld rapporten die relevant zijn voor iedereen die ce-5 overal ter wereld beoefent. http://www.ce5tokyo.org

Deb Warren - OCSETI (Okanagan Centre for Study of ET Intelligence), West-Canada
Deb is onze mentor van de naastgelegen provincie en runt haar CE-5 groep vanuit Vernon, BC. We ontmoetten haar op een van haar vele CE-5-tours door West-Canada, waar ze royaal haar zomers doorbracht van groep naar groep over vele kilometers om haar kennis te delen en veldwerk te doen met nieuwkomers. Ze heeft meer Dr. Greer retraites gedaan dan je op twee handen tellen, en ze heeft zichzelf altijd vrij beschikbaar gesteld voor hulp en ondersteuning. We zijn erg dankbaar voor alle telefoontjes en e-mails waarop ze heeft gereageerd. Ze hielp ons enorm met dit handboek en vulde een opmerkelijk gat in de apparatuur sectie.
https://ocseti.wordpress.com/

AANBEVOLEN MEDIA

Boeken
- *Preparing for Contact* (Lyssa Royal Holt)
- *Calling on Extraterrestrials* (Lisette Larkins)
- *Paths to Contact* (Jeff Becker)
- *The E.T. Contact Experience – CE-5 Handbook* (Peter Maxwell Slattery)
- *Evolution Through Contact* (Don Daniels)
- *Forbidden Truth, Hidden Knowledge* (Steven M. Greer)
- *Contact: Countdown to Transformation* (Steven M. Greer)
- *Unacknowledged* (Steven M. Greer & Steve Alten)
- *Exopolitics: Political Implications Of The Extraterrestrial Presence* (Michael E. Salla)
- *Galactic Diplomacy: Getting to Yes with ET* (Michael E. Salla)
- *Bringers of the Dawn* (Barbara Marciniak)
- *Becoming Gods* (James Gilliland)
- *The Orb Project* (Miceal Ledwith & Klaus Heinemann)
- *From Venus I Came* (Omnec Onec)
- *The Hathor Material* (Tom Kenyon)
- *Secrets of the Lost Mode of Prayer* (Gregg Braden)
- *Walking Between the Worlds* (Gregg Braden)
- *Electrogravitics Systems* (Thomas Valone, PhD.)
- *Defying Gravity* (T. Townsend Brown)
- *Love* (Leo Buscalia)
- *Conversations with God, Book 4 – Awaken the Species* (Neale Donald Walsch)

Podcasts
- *CE-5 Minneapolis* georganiseerd door Paul Riedner.
- *As You Wish Talk Radio* georganiseerd door James Gilliland.
- *Becoming a Cosmic Citizen* georganiseerd door Sierra Neblina & Don Daniels.
- *Fade to Black* georganiseerd door Jimmy Church.
- *Opens Mind UFO Radio*
- *The Grimerica Show* georganiseerd door Graham & Darren.

  Graham zit al jaren bij onze CE-5 groep. Hij en Darren bevinden zich op de grens van exploratie en duiken in een breed scala aan fascinerende onderwerpen zoals: bewustzijn, UFO's, oude mysteries, alternatieve realiteiten, enz. De pre-amble van elk interview is het alleen al waard voor de geklets en jingles. Gasten zijn onder andere: Stanton Friedman, Jacques Vallee, Richard Dolan, Joseph Farrell en nog veel meer. Luister zeker naar aflevering #243 met Grant Cameron en #220 met Kosta en Hollis.

Websites en YouTube
- **ET Let's Talk** - Vaak genoemd in dit document, ET Let's Talk heeft een schat aanCE-5 rapporten, CE-5 groups en meer. ETLet'sTalk toont ook de webinars van Danny Sheehan. Danny is een advocaat van constitutioneel en openbaar belang, spreker, politiek activist en opvoeder. Hij vertelt over Kosmische Mensheid, meditatie en bewustzijn, en aanverwante onderwerpen op een regelmatig schema. http://etletstalk.com/
- **Sirius Disclosure** - Dr. Greer's centrale hub. http://www.siriusdisclosure.com/
- **Center for the Study of Extraterrestrial Intelligence (CSETI)** http://www.cseti.org/
- **Enlightened Contact with Extraterrestrial Intelligence (ECETI)** http://www.eceti.org/
- **ECETI Australia** - The CE-5 resource down under georganiseerd door Peter Maxwell Slattery. https://www.ecetiaustralia.org/
- **Peter Maxwell Slattery** - Nog een website van Peter... https://www.petermaxwellslattery.com/

- **The Pete N Rae Pathways Show** De onderwerpen bevatten: CE-5, bewustzijn, niet-menselijke informatie, en het multi-spectrum van verschijnselen gerelateerd aan contact. https://www.youtube.com/channel/UCEdJ75f6ipFbKdUjGeGzMQQ
- **CE-5 Aotearoa** – Non-profit organisatie gebaseerd in Niew Zeeland. Niew Zeeland en Internationale evenementen voor CE-5 and gerelateerde modaliteiten. https://www.ce5.nz/
- **JCETI Japan** - Japan Center for Extraterrestrial Intelligence georganiseerd door Greg Sullivan. Japans: http://www.jceti.org/, **English:** http://www.ce5-japan.com
- **Daryl Anka** - Kanaliseerder van een ET entity genaamd Bashar. http://www.bashar.org/
- **Tom Kenyon** - Kanaliseerder van een groep van ET genaamd the Hathors. http://tomkenyon.com/
- **Dr. Edgar Mitchell** - Een astronaut die is gestart FREE (Foundation for Research into Extraterrestrial Encounters). http://www.experiencer.org/
- **Richard Dolan** - Door veel mensen gezien als de beste auteur en spreker over het UFO-onderwerp van vandaag. https://www.richarddolanpress.com/
- **Samoiya Shelley Yates** – Deze Canadese oostkustbewoonster had een bijna dood-ervaring waar ze ET ontmoette. Deze vertelden haar hoe ze het leven van haar zoon kon redden en hoe ze de planeet kon helpen op een cruciaal moment. Ze faciliteerde groepsmeditaties waarmee ze miljoenen mensen bijeen bracht. https://www.youtube.com/watch?v=KHGyu_AXNWg&t=6, http://FireTheGrid.world
- **Grant Cameron** - Hyper-speed Canadian UFO researcher. Interessant, intelligent en vermakelijk. http://www.presidentialufo.com/
- **Michael Schratt -** Black Ops, ARVs and UFOs. https://www.youtube.com/watch?v=pFWza6LTMrY (1.5 hours)

Documentaires en andere media
- *Unacknowledged* (2017)
- *Sirius* (2012) https://www.youtube.com/watch?v=5C_-HLD21hA
- *Contact Has Begun: A True Story with James Gilliland* (2008) https://www.youtube.com/watch?v=V261_HKD4aQ

(Ga voor bijgewerkte bronnen naar: www.ETContactHub.com)

WOORDENLIJST

A

Alien Reproduction Vehicles (ARV): Ruimteschepen gemaakt door mensen, nagemaakt van gecrashte UFO's

afgezant: Iemand die op een speciale missie gestuurd is, vaak een diplomaat

aliens: Wezens niet van 'hier'

ambassadeur: Een vertegenwoordiger van een groep

abnormaal licht: Een lichtje dat zich op zo'n bepaalde manier beweegt dat het niet verklaart kan worden

Arcturians: Kleine, blauwe wezens met drie vingers en amandelvormige ogen

ARV's: Ruimteschepen gemaakt door mensen, nagemaakt van gecrashte UFO's

ascended masters: Wezens die verlichting hebben bereikt

ascension: Spirituele evolutie

astraal lichaam: Een deel energie van jou dat afhankelijk van je lichaam kan reizen

atmosferische breking: Schittering van de sterren aan de horizon door lagen turbulente lucht

aurora of noorderlicht: Prachtige weergave van natuurlijk licht bij de noord- en zuidpool

Avian Beings: Grote wezens met blauwe veren met geavanceerde menselijke trekken

B

Becker-Hagens raster: Een raster die de aarde bedekt en waar spirituele punten samenkomen

bewustzijn: Liefde, expansie, God

bio-pauze: Een pauze in de loop van de avond om menselijke behoeftes te voorzien

black-ops: Militaire projecten die ontzettend veel belastinggeld innemen

brahmaan bewustzijn: Een gemoedstoestand die gelijk is aan de goddelijke gewaarwording

buitenlichamelijke ervaring: Er van bewust zijn dat je geest uit je lichaam gaat

Bron: Andere naam voor God, het universum, enz

C

CE-1: Ontmoeting van de eerste graad (een UFO zien op 150 meter)

CE-2: Ontmoeting van de tweede graad (fysiek bewijs van een landende UFO)

CE-3: Ontmoeting van de derde graad (een wezen zien)

CE-4: Ontmoeting van de vierde graad (interactie met wezens)

CE-5: Ontmoeting van de vijfde graad (menselijk contact met een alien)

chakra's: Energiepunten in het lichaam vanaf de ruggengraat tot aan het hoofd

channelling: Wanneer iemand communicatie van een ander wezen doorgeeft

cloudbusting: Proberen om bewust wolken te laten bewegen

CSETI: Center for the Study of Extraterrestrial Intelligence, opgericht door Dr. Steven Greer

D

derde oog chakra: Energiecentrum net iets boven en tussen je wenkbrauwen

didgeridoo: Een Australisch blaasinstrument gemaakt van een holle tak

dimensie: Verschillende realiteiten, kan gecategoriseerd worden in 3D, 4D, 5D, enz.

dis-info agent: Een persoon die geld vraagt om leugens te verspreiden om zo mensen te bedriegen

disclosure: Als de waarheid van aliens boven water komt

Disclosure Project, The: A CSETI campagne die informatie over aliens openbaar heeft gemaakt

download: Energie of informatie waarvan je je bewust word in je lichaam

drone: Een voertuig in de lucht dat door mensen word bestuurd met een afstandsbediening

draaikolk: Plekken waar de energie hoger is

E

ECETI: Verlicht contact met buitenaardse intelligentie – James Gilliand's zoekers

energie download: Energie die bedoelt is om te helen of upgraden

energie: Waar we van zijn gemaakt en hoe het leven werkt, een bewegende of drukkende kracht

engelachtige wezens: Spirituele wezens zoals een engel

ET: Buitenaardse

ETLet'sTalk: Netwerksite voor mensen die geïnteresseerd zijn in CE-5

expansie: Bewust worden van iemands ware aard

externe communicatie: Gekregen informatie van andere wezens uit de 3D dimensie

extraterrestrial: Een wezen niet van deze aarde

F

fast walker: Term voor een snelle satelliet, een snelle UFO of een raket

Federal Reserve: Een particuliere onderneming die maatregelen heeft bedacht om je geld te stelen

flashbulb: Een kleine flits in de lucht, zoals een cameraflits of een ster, die zich snel laat zien en weer verdwijnt

FREE: Dr. Edgar Mitchell's Foundation voor Research naar buitenaardse ontmoetingen

frequentie: De snelheid waarmee elementen bewegen, hoge frequentie is liefde, lage frequentie is angst

G

Gaia: Een naam die onze levende planeet beschrijft

geostationaire baan: Gelijk lopen met de aarde (van observanten onderaf lijkt het alsof het niet beweegt)

Global CE-5 Initiative, The: Een beweging die maandelijkse wereldwijde CE-5's organiseert

gouden eeuw: Een tijdperk in de toekomst met utopische karakters

Grote Geest: Een inheemse term voor een grote en spirituele kracht

graancirkel: Geometrische patronen in weilanden met hervormde planten

graancirkel geluiden: Abnormale geluiden opgenomen in een graancirkel

H

Hathors: Geavanceerde menselijke wezens, de meesters van het geluid, herkenbaar aan hun waaierachtige oren

hart chakra: Energiecentrum in het hart

helderhorend: Iets horen dan verder gaat dan je zintuigen aankunnen

helderziendheid: Iets zien dat verder gaat dan je zintuigen aankunnen

helderruikend: Iets ruiken dat verder gaat dan je zintuigen aankunnen

heldervoelend: Iets voelen dat verder gaat dan je zintuigen aankunnen

hemelse wezens: Wezens van andere realiteiten zoals geesten of engelen

hemels: Van de lucht

hereniging met de bron: Een theorie die aangeeft dat alle gescheiden delen van het universum weer samenkomen

hubble telescoop: Een van de grootste en veelzijdige telescopen die in de ruimte zijn gelanceerd
hybride: Een wezen dat deels mens en deels wat anders is
hyper-jump: Sneller dan het licht reizen
hypnagogische toestand: De transitionele staat wanneer je in slaap valt of wakker word

I

interdimensionaal: De mogelijkheid hebben om te verplaatsen tussen werelden, realiteiten en dimensies
interne communicatie: Gekregen informatie van andere wezens, de communicatie verloopt intern
International Space Station (ISS): Een onderzoek platform in de ruimte waar mensen in zitten
Interplanetaire Raad: Een vergadering van ET-ambassadeurs die zorgen voor bestuur en wetgeving
interstellaire: "tussen de sterren", vaak gebruikt om een enorme ruimte aan te duiden en erdoor te reizen
iridium flare: Satellieten die het licht van de zon opvangen en het licht reflecteren

K

keel chakra: Energiecentrum bij de keel
klokkenluider: Iemand die illegale geheimen van mensen of organisaties vertelt
kosmisch bewustzijn: Het collectieve bewustzijn van het universum
kosmos: Een harmonieus, goed geordend universum
kruinchakra: Energiecentrum boven op het hoofd

L

law of attraction: Een principe waarbij gevoelens (vibraties) en gedachtes manifestaties creëren
licht lichaam: Een deel van jou dat energie is en onafhankelijk van je lichaam kan reizen
Lion Beings: Geavanceerde, katachtige wezens die menselijke karaktereigenschappen hebben
lock on: Als je een ruimteschip signaleert met een laserlampje of zaklamp, en ze iets terug signaleren
lage vlieger: Een laag vliegende UFO
lucide dromen: Weten dat je aan het dromen bent terwijl je aan het dromen bent

M

manifestatie: Het eindresultaat van een creatie door middel van gedachten, woorden en daden
mantra: Woorden die je vaak herhaalt om je te helpen focussen of mediteren
meditatie: Je brein trainen om te focussen, verbinden door je bewust te zijn van je geest
merkabah: Een goddelijk licht voertuig gemaakt met behulp van heilige geometrie
Military Industrial Complex (MIC): Onverklaarbare schurkentak van de Amerikaanse regering
militair ruimteschip: Ruimteschepen gemaakt door mensen, nagemaakt van gecrashte UFO's
melkweg: Stroom van veel sterren achter elkaar in de lucht, alleen zichtbaar op donkere stukken
multidimensionaal: Wezens die zich tussen dimensies kunnen verplaatsen
mysteriescholen: Organisaties die heilige leerwijzen vasthouden en beschermen

N

namaste: "het goddelijke in mij begroet het goddelijke in jou"
negatieve entiteiten: Vervelende, irriterende en vooral uitdagende geesten of energieën
negatieve buitenaardsen: Primitieve buitenaardse wezens die zichzelf dienen
New World Order: Een onderdrukkend wereldsysteem dat gefaald heeft om de Cabal in te voeren

niet fysieke wezens: Wezens die geen fysiek lichaam hebben, zoals geesten of entiteiten
NORAD: North American Aerospace Defense Command
Nordics: Geavanceerde wezens die lijken op blanke mensen
noorderlicht: Prachtig natuurlijk licht wat je 's nachts ziet bij de polen

O
OCSETI: Okanagan Centre for the Study of Extraterrestrial Intelligence
Om: Een heilige mantra in het Hindoeïsme en Boeddhisme wat "het geluid van het universum" betekent
één geest bewustzijn: Het collectieve bewustzijn
orb: Een bewegende bol van lucht en energie die zich laat zien in vele maten en kleuren
oriëntatie: Het begrijpen van je positie op een locatie (voor CE-5 is dat onder de open hemel)
oude mysteriescholen: Organisaties die heilige dingen houden en beschermen

P
parallelle realiteit: Een andere wereld of werelden die buiten onze wereld bestaat
People's Disclosure Movement, The: Een organisatie die de openbaring van mensen promoot
Pleiadians: Geavanceerde wezens die qua uiterlijk op witte mensen lijken
power-up: Een vlek van licht die rondom een ster, streaker, satelliet of UFO verschijnt
pranische energie: Universele of kosmische energie, levenskracht
protocol: Een plan om iets waar te maken
puja: Een Sanskriet lied of gebed

Q
quantum mechanica: Natuurkundige theorie over hele kleine deeltjes

R
Ranch, The: Bijnaam voor ECETI
remote viewing: Een militair proces waarbij informatie wordt verzameld door het brein binnen te komen
RV: Remote viewing

S
sacrale chakra: Energiecentrum bij je onderbuik onder de navel
samenvoegen: Vermengen met een ander wezen
klankschaal: Een Tibetaans muziekinstrument die je helpt bij het mediteren en ontspannen
skywatch: Naar de lucht kijken om iets te vinden, bijvoorbeeld een UFO
slow walker: NORAD's begrip voor vliegtuig
sondes: Kleine lichten die bij de groep mensen komen die informatie verzamelen
sterrewezen: Een wezen die van de sterren komt
sterren familie: Andere term voor buitenaardsen, kan ook verwijzen naar mogelijke voorouders
streaker: Een vallende ster die misschien een UFO zou kunnen zijn
synchroniciteit: Niet zomaar een toeval, een universele tegemoetkoming van omstandigheden

T
telepathie/telepathische communicatie: Je brein gebruiken om te communiceren en informatie te ontvangen

telomeren: Kapjes aan het eind van chromosomen die het DNA beschermen

theta hersengolf: Lage frequenties van hersengolven, bijvoorbeeld in meditatie of slaap

trans dimensionaal: De mogelijkheid om tussen dimensies te reizen

transcendente meditatie (TM): Een meditatietechniek gemaakt door Maharishi Mahesh Yogi

U

UFO: Unidentified Flying Object (ongeïdentificeerd vliegend object)

Universele Wet: Basisstructuur van hoe het leven werkt

universele: Alpha en omega, alles wat bestaat

upgrade: Energie die bedoelt is om iemand te helen of in een positieve richting te sturen

V

vervormde lucht: Een afwijkend stuk in de lucht (hittegolven, donker worden, schitteringen)

veldwerk: CE-5 werk buiten in de natuur

vibratie: De snelheid waarin onze elementaire delen bewegen, hoge vibratie = liefde, lage vibratie = angst

vrije energie: De mogelijkheid om de eindeloze energie om ons heen vast te leggen

W

wortelchakra: Energiecentrum in het lichaam onderin bij de ruggengraat

Z

zenit: Het deel van de lucht die recht boven je is

zogenaamde meteoor ofterwijl 'streaker': Een vallende ster die een UFO zou kunnen zijn

zogenaamde satelliet: Een satelliet die een UFO zou kunnen zijn

zogenaamde ster: Een ster die de eigenschappen van een UFO heeft waardoor het een UFO zou kunnen zijn

zonne-energie plexus chakra: Energiecentrum bij de bovenbuik boven de navel

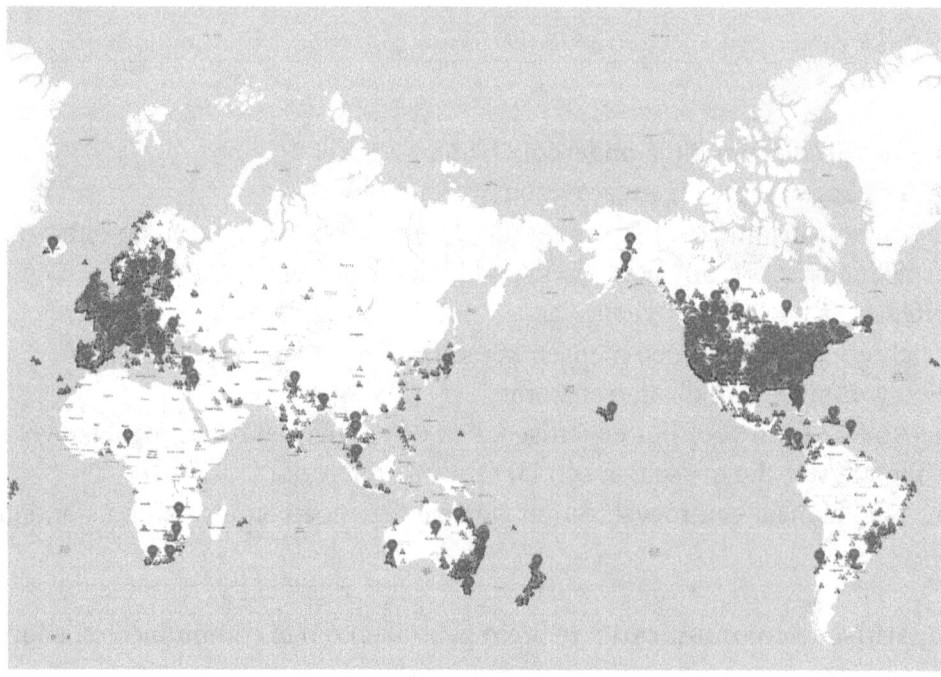

Registreerde leden van beide grote CE-5 networking sites

www.ingramcontent.com/pod-product-compliance
Lightning Source LLC
Chambersburg PA
CBHW081003140626
46546CB00018B/3180